商业航天

发展战略及途径研究

齐国生　主编

中国宇航出版社
·北京·

图书在版编目（CIP）数据

商业航天发展战略及途径研究 / 齐国生主编. --北京：中国宇航出版社，2022.9

ISBN 978-7-5159-1671-2

Ⅰ. ①商… Ⅱ. ①齐… Ⅲ. ①航天工业－工业发展－研究－中国 Ⅳ. ①F426.5

中国版本图书馆 CIP 数据核字(2019)第 175396 号

责任编辑　黄　莘　　　**装帧设计**　宇星文化

出版发行　中国宇航出版社

社　址　北京市阜成路 8 号　**邮　编**　100830

(010)68768548

网　址　www.caphbook.com

经　销　新华书店

发行部　(010)68767386　(010)68371900

(010)68767382　(010)88100613 (传真)

零售店　读者服务部

(010)68371105

承　印　天津画中画印刷有限公司

版　次　2022 年 9 月第 1 版

2022 年 9 月第 1 次印刷

规　格　787×1092

开　本　1/16

印　张　15

字　数　217 千字

书　号　ISBN 978-7-5159-1671-2

定　价　58.00 元

《商业航天发展战略及途径研究》
编委会

主　　编	齐国生
副 主 编	邓宁丰　张铁钧
编写人员	张华林　荣　光　黄　翔　谢　平 王　敏　祝　彬　彭　帅　李成方 曹世博　毕海亮　张飞霆　刘　凯 何　颖

前言

世界范围内，商业航天已发展成为推动航天技术进步、带动航天经济增长的重要引擎，以太空探索、一网、蓝色起源为代表的新兴航天企业对传统航天制造、发射服务、卫星运营及应用造成明显冲击，并积极推出低轨小卫星星座、亚轨道旅游等新兴商业航天项目及设想，为商业航天发展创造了新的业务空间。

近年来，随着国家产业融合发展战略的推动实施，我国商业航天蓬勃发展，以中国航天科技集团有限公司为代表的大型航天国有企业加速整合内外部优质资源，在确保国家战略安全和完成国家任务的前提下，稳步推进商业航天的发展。以凌空天行、中科宇航、东方空间、星河动力、九天微星、翎客航天、航天驭星等为代表的民营企业在微小卫星设计与制造、小型运载火箭制造、卫星地面系统建设与卫星在轨管理等方面，积极进行商业航天发展探索与实践，并获得了可观的社会投资，“航天＋资本运作”已成为民营企业发展商业航天的新模式。

大型航天国有企业作为我国航天科技工业的主导力量，在国内外商业航天发展大潮来临之际，如何客观看待商业航天发展形势、准确把握商业航天发展定位、有序推动商业航天业务体系构建，并获得真实可见的发展效益，成为大家普遍关注的问题。

本书主要围绕大型国有企业商业航天发展需求，深入剖析国内外商业航天发展形势，明晰商业航天概念内涵以及商业航天在大型国有企业发展中的功能定位，梳理其发展过程中存在的主要问题与制约因素，结合实际，给出相应发展战略及途径建议，为大型国有企业商业航天发展提供决策支撑。

由于编者水平有限，疏漏及不当之处在所难免，恳请读者批评指正。

《商业航天发展战略及途径研究》编委会

2021 年 12 月

目 录

图表

第一章 概 述

探索和开发太空是人类与生俱来的秉性，古时，人类探寻宇宙的边际以及我们在宇宙中所处的位置，我国有“盖天说”和“浑天说”，汉代张衡用“宇之表无极，宙之端无穷”来描述宇宙；西方则有“地心说”和“日心说”，古希腊哲学家柏拉图认为宇宙由各个星星组成，在宇宙中存在一个中心。随着航天技术的发展，人类不仅全面而深刻地认识了宇宙，而且开始发掘太空的潜在价值。航天技术上的投资、人文精神上的需求以及突破低地球轨道的商业活动将使人类保持更为积极的成长与延续，就如同马尔科·贝尔纳斯科尼与阿瑟·伍兹说的那样，来自太空的无限环境和清洁能源不仅能维持和刺激全球经济，开发其他地外资源也将保证人类的后代有足够的物质资源供应。

一、我们理解的商业航天

目前，世界范围内对于商业航天的定义不尽相同，对于中国的商业航天而言，我们认为应该从我国航天发展历史出发，结合国情和汉语环境给予恰当的定义。

其中，“商业”是一种有组织的为顾客提供所需产品或服务的经营性行为。“航天”有广义与狭义之分，狭义是指人类在太空的航行活动；广义是指人类探索、开发和利用太空以及地球以外天体的活动。

基于此，本书总结的商业航天的定义是：商业航天是指围绕进出空间和利用空间，在政府支持与引导下，发挥市场作用，以航天产品开发、系统运营、应用服务为核心的商业活动，包括发射与运输服务、卫星制造、卫星应用及服务、地面设备制造、基础设施建设等多个方面。

相对于传统航天，商业航天有如下几个特点。

一是新型的投融资模式。商业航天鼓励并提倡民营资本进入航天领域,并带来不同于单纯政府投资的新型投融资模式,如利用天使投资、风险投资基金、股权战略投资、上市公司定向增发等方式形成混合所有制企业或民营控股企业；在项目融资方式上，可由民营资本进入形成公私合营（PPP 模式）、服务租赁、融资租赁等模式。

二是性能与成本驱动的科研生产模式。商业航天的项目获取将完全取决于市场化的规则，以性能打开市场、以价格赢得市场是成功商业航天企业的普遍做法。因此，商业航天在利润分配和定价机制上，彻底摈弃了适应于计划经济体制的成本加成制度，而是采用固定价格定价制度、固定加补偿定价制度等。

三是更多元化的用户背景。传统航天型号任务的用户主要为政府、军队和行业用户，卫星的运管、运营也都由相应单位来掌握。而商业航天的主要用户为具有不同商业目的、不同所有制结构的企业及单位。企业对卫星等航天器产品拥有较大的自主权，卫星的测控、运管、运营等都可由企业自主完成。同时，除了使用权外，企业也拥有对卫星的财产所有权，包括对航天资产的处分、赠与、抵押等的权利。

四是完善的现代公司治理制度。完善的现代公司治理制度是商业航天的重要标志，对于商业航天企业而言，现代公司治理制度是业务决策与顺利开展的必要保障，对于社会资本而言，如果没有值得以信用为基础的公司治理的委托——代理机制，社会资本进入航天领域将顾虑重重。建立现代公司制度，即完备的股东大会制度和董事会、监事会、职工代表大会制度，才能保证商业航天各方利益。

二、各国对于商业航天的理解

目前，国外尚无对“商业航天”概念的统一理解，特别是对“商业航天”和“航天商业化”的概念理解相对容易混淆。

美国国家层面对商业航天概念的释义。美国国家航天政策中对商业航天的认识：美国奥巴马政府在2010年《国家航天政策》中指出商业航天活动是“企业在承担适度的投资风险和责任的前提下，提供航天产品和服务的活动。商业航天活动与基于市场动机的活动都以控制成本、优化投资回报率为目标，均具有为现有或潜在非政府用户提供产品和服务的法定资格。”其中指出商业航天的主体是“私营公司”，其商业航天活动的特征是取得投资回报，其商业航天活动服务对象包括非政府用户，同时也包括政府用户。

美国政府部门层面对商业航天概念的释义。国家航天运输政策中并未对商业航天运输和商业航天作出明确定义，但其中指出：美国政府应购买和使用商业航天运输能力与服务，这是一种更具成本效益且更具及时性的采办方式。从成本效益方面确定了商业航天运输的特征。《国家航天运输政策》中同时提出了美国商业部和运输部部长应鼓励、促进和推动开展包括非政府载人航天活动在内的私营部门的商业航天运输活动。可以看出，《国家航天运输政策》理解下的商业航天仍然以私营部门作为商业航天活动的主体，以获取经济效益为主要特征。

美国国家航空航天局（以下简称NASA）在《新空间：新兴商业航天工业》报告中对商业航天和传统航天模式进行了比较（见表1），其中从多个方面对商业航天和传统航天进行了对比。二者的主要区别在于：商业航天产品归属研制企业本身，传统航天模式下研制的产品归属NASA；商业航天模式下采用公私伙伴合同管理方式，传统航天模式下采取 NASA+ 主承包商的合同方式；商业模式下 NASA 只需确定需求，实施途径由承包企业自主决定，传统模式下则由 NASA 主导需求并主持确定研制产品的实施途径。

表 1　商业航天项目与传统航天项目的区别

项目类别	商业航天	传统航天
产品所有者	研制企业	NASA
合同类型	固定价格	成本 + 利润
合同管理	公私伙伴管理	NASA+ 主承包商
能力验证投资	NASA 只采购服务	NASA 通过里程碑提供投资
NASA 的作用	NASA 只确定需求，实施途径由企业决定	NASA 决定需求和实施途径
需求定义	NASA 确定顶级能力需求	NASA 确定详细需求
成本结构	NASA 与工业界分担成本	NASA 承担全部成本

美国国家海洋和大气管理局（以下简称 NOAA）于 2016 年 1 月首次公布了其商业航天政策，提出该政策遵循美国《国家航天政策》（2010）和美国《国家航天运输政策》（2013 年）中关于鼓励商业航天能力的原则。其中还指出该政策的适用范围即“购买 NOAA 卫星数据、寄宿有效载荷、搭载服务及发射服务过程中 NOAA 与商业部门的合作事务”。这实际上也表明了其对商业航天概念的理解是与商业部门即私营部门之间进行的有经济往来的商业活动。

欧盟和欧洲空间局（以下简称欧空局）的相关政策中并未如美国那样对“商业航天”概念作出明确定义。欧洲主要航天国家对商业航天的普遍认识是：企业以竞争性方式承接欧盟、欧洲国家的政府航天项目，包括使用公私合作模式，由公私各方共同承担责任和融资风险，实现航天资源的高效配置。欧洲将商业航天与公私合作伙伴关系相提并论，私营公司作为航天活动重要的参与方。英国是目前欧洲范围内首个发布国家航天政策的国家，其于2015年12月出台的首部《国家航天政策》中提出在航天领域，催生新的经济增长点，鼓励新型航天市场的发展。英国虽未对商业航天概念作出明确界定，但从国家层面强调了商业航天的经济性和与航天市场的密切相关性。

三、商业航天概念辨析

航天商业化的概念容易与商业航天概念混用。航天商业化包括三层含义。一是向商业用户开放资源。原本只为政府和军方服务的航天基础设施向商业用户开放，如美国政府于1996年4月宣布，将把来自GPS准确度极高的导航信号提供给民用机构使用。二是为商业用户提供服务。原本只为政府和军方服务的产品和企业等将商业市场用户纳入服务对象范畴。如俄罗斯政府将退役的和根据《削减战略武器条约》而裁减的战略弹道导弹改制成运载火箭，投入商业航天发射服务市场。三是实现企业的私有化。出现了越来越多的为商业用户提供产品和服务的私营公司，如国际通信卫星组织原本由成员国政府出资，2000年实现私有化改制，继续为商业用户和政府部门提供通信服务。

总体来看，航天商业化是航天行业在技术和运营达到一定成熟度基础上，走向市场的必然过程。可以说从航天技术发展伊始，航天商业化就已经提上了日程。广义上来看，商业航天包含了部分航天商业化的内容。

四、商业航天发展历程及动因分析

商业航天是在航天技术达到一定成熟度、航天产业达到一定规模的基础上产生和发展的。随着世界政治和军事格局的不断变化，航天发展尤其是商业航天发展经历了不同阶段。包括商业火箭研制与发射服务、商业卫星研制、卫星商业应用、航天地面设备商业化应用等，不同部分的发展历程之间紧密相关，也有各自的特点。

（一）商业火箭研制与发射服务发展

1965 年，美国进行了全球第一次商业航天发射。从美国和欧洲的情况来看，美国早在 1965 年 4 月即利用德尔它 –D 运载火箭成功实施了第一次商业发射，将晨鸟号国际商业通信卫星送入轨道。而欧洲直到 1984 年才利用阿里安 –3 运载火箭完成了首次商业发射。

20 世纪 60 年代后期，美国开始多次执行商业发射，欧洲商业火箭研制并不顺利。在此期间，美国利用德尔它系列火箭执行了数次商业航天发射任务，而欧洲正在全力研制“黑箭”“钻石”和“欧洲号”等运载火箭，但进展并不顺利。

20 世纪 60 年代末—70 年代初中期，美欧继续发展商业运载火箭。美国将更多的精力放在研制土星 –5 运载火箭上，但相关企业也研制了能够进行商业发射的雷神系列运载火箭，并继续对德尔它火箭进行改进。欧洲开始研制阿里安火箭，为实施商业发射作准备。

20 世纪 70 年代末—80 年代，欧洲成功实现首次商业发射。美国部分私有企业开始自主投资研制小型运载火箭，轨道 ATK 公司开始研制世界上第一种由私营公司投资的飞马座小型空射运载火箭。欧洲阿里安 –3 运载火箭于 1984 年实现了欧洲的首次商业发射。为适应商业卫星发射市场的需求，欧洲启动阿里安 –4 运载火箭的研制。

20 世纪 90 年代—21 世纪初，美欧相继实现商业火箭升级换代。美国再次开始重视商业一次性运载火箭的发展，开始研制渐进一次性运载火箭，期望大幅度降低发射成本，提高竞争力，实现发射费用降低 25%~50% 并占有 50% 的国际商业卫星发射市场的目标。欧洲阿里安 –4 运载火箭于 1988 年 6 月首次试飞成功后投入商业发射运营，在 2003 年 2 月 15 日成功发射国际通信卫星 907 商业通信卫星后退役。阿里安 –4 运载火箭总共进行了 116 次发射，成功 113 次，成功率达到 97.4%。

21 世纪初至今，美国和欧洲在商业火箭研制方面取得突破。在 NASA 提高商业航天能力的政策推动下，创新型航天高技术企业开始进入商业运载火箭研制生产领域。政府则将主要资源用于专用性强的重型运载火箭的研制，支持企业开展近地轨道商业运载火箭研制生产，制订了商业轨道运输服务计划，推动新兴航天企业开展火箭研制。欧洲则利用于 1997 年首飞成功的阿里安 –5 运载火箭，执行地球同步转移轨道和近地轨道商业航天发射任务。此外，欧洲还于 2013 年 2 月成功进行了维加小型商业运载火箭的首次发射，以抢占小卫星商业发射市场。

（二）商业卫星研制发展

商业卫星研制的发展历程也就是卫星研制生产能力的发展历程，无论是商业卫星、军事卫星，还是民用卫星，其所需的研制生产能力基本相同，只是卫星的用途不同。

1965 年，美国研制成功第一颗商业通信卫星，即“国际通信卫星 –1”。该卫星由当时的休斯空间与通信公司研制，采用休斯 –303 平台，质量仅为 38.6kg，设计寿命为 1.5 年，功率为 45W。此时欧洲商业卫星仍处于发展阶段。

20 世纪 60 年代—70 年代，美欧政府鼓励更多的私营公司开展商业卫星研制，汤普森 · 拉莫 · 伍尔德里奇公司、波音公司、福特航空航天公司等私营公司纷纷参与卫星研制，还有数量众多的私营公司提供配套产品，美国形成了由总装集成、分系统和零部件生产构成的卫星工业基础。欧洲的卫星工业基础逐步增强，特别是1979年，英国的航天工业实施“国有化”向“非国有化”过渡政策，为商业卫星的研制提供了更加有利的条件。

20世纪80年代—90年代，美欧的商业卫星研制生产能力更加巩固和成熟。20世纪70年代初合并成立的罗克韦尔国际公司扩展了卫星业务，成为早期的GPS系统承包商；轨道科学公司于1982年成立，从事小型通信卫星的研制和生产。到20世纪80年代中后期，部分企业之间陆续并购或者进行业务整合，商业通信卫星、商业遥感卫星的研制生产量日益增加。

20世纪90年代至今，美欧商业卫星研制能力不断调整，在信息技术推动下实现转型升级。美国从20世纪90年代开始出现大规模的航天企业并购，形成了以3~4家大型企业为主的研制格局，包括波音公司、洛克希德·马丁公司（以下简称洛·马公司）、劳拉空间系统公司（以下简称劳拉公司）和诺斯罗普·格鲁门公司（以下简称诺·格公司）等。其中波音公司在1996年和1997年分别收购了罗克韦尔国际公司和麦道公司，在2000年收购了休斯空间与通信公司。总体来看，美国的商业卫星工业结构至今仍有变化调整，而信息技术引发的技术革命正在对商业卫星的研制生产产生重要影响。欧洲方面，于2000年成立了阿斯特里姆公司，2006年成立泰雷兹·阿莱尼亚空间公司（以下简称泰·阿公司），主要进行商业卫星研制，2014年1月，阿斯特里姆并入新成立的空客集团。目前欧洲形成了以空客防务与航天公司和泰·阿公司为主的商业卫星研制团队。

（三）卫星商业应用发展

1. 卫星商业通信发展历程

20 世纪 60 年代，第一颗商业通信卫星发射。1961 年，利用卫星开展商业通信业务的概念出现，发展实用通信卫星的呼声日益高涨。1962 年，美国通过了《通信卫星法》，为通信卫星的商业运营铺平了道路，许多商业公司纷纷提出发展通信卫星的计划。1964 年，国际通信卫星组织成立。1965 年，世界第一颗商用国际通信卫星——“晨鸟号”，也即国际通信卫星 -1 号卫星发射，卫星进入地球同步轨道并定点于大西洋上空，成为第一代国际通信卫星。

20 世纪 60 年代末，国际卫星商业通信迅猛发展。从第一代商用卫星通信开始，卫星通信的发展突飞猛进，美国与欧洲地区实现了跨洋通信；1966—1967 年，第二代国际通信卫星发射，实现了美国与日本之间的跨洋通信；1968 年，第三代国际通信卫星发射，覆盖印度洋地区，首次实现卫星通信全球覆盖。

20 世纪 70 年代，国内卫星商业通信不断发展。美国于 1974 年成功发射了第一颗国内通信卫星“西联 -1”。欧洲也建立了国内卫星商业通信网络。

20 世纪 80 年代，卫星商业通信进入全面发展阶段。1982 年，欧洲的国际海事卫星系统正式投入运营，1987—1990 年，国际海事卫星系统成功进行了地面移动卫星数据通信试验,逐步将业务扩展到地面。美国相继发射了多颗商业通信卫星，1983 年发射了银河商业通信广播卫星，为全球用户提供卫星电话、传真、电报、广播、网络通信、卫星电视直播等业务。1988 年发射了泛美卫星，为北美、南美和欧洲等地的用户提供数据和图像业务。

20 世纪 90 年代，卫星通信业务实现真正意义上的全球无缝覆盖移动通信。1990—1992 年，国际电信联盟召开全球无线电大会，为卫星移动通信业务分配了频谱。多个商业公司宣布发展非静止轨道商业通信卫星星座的计划，用于面向个人的卫星移动通信。1997—1999 年，“铱卫星”和“全球星”等星座相继部署完成，开始提供商业服务。这一时期，通信卫星逐步实现了商业化、批量化生产，可支持视频广播、音频广播、互联网干线传输、个人移动通信等多种类型的业务。

21 世纪以来，大容量、高速率卫星通信业务蓬勃发展。商业卫星通信开始出现面向个人的卫星宽带接入服务，各个业务领域全面发展。在卫星固定通信领域，企业网、干线传输、视频采集和传输成为常规业务，面向多媒体的固定通信业务蓬勃发展。美国和欧洲均出现了面向个人宽带接入的卫星通信业务。美国的狂蓝卫星和太空之路卫星改变了人们对卫星通信数据速率低的传统看法。欧洲于 2010 年年底发射的 Ka 频段卫星和美国于 2011 年发射的卫讯 -1 卫星，整星吞吐量分别高达 70Gbit/s 和 140Gbit/s，单个用户传输速率可与地面电缆接入的传输速率相当。

2. 卫星商业遥感发展历程

1972 年 7 月，第一颗商业遥感卫星发射。美国于 1972 年发射了第一颗按特定用途设计的地球资源技术卫星即“陆地卫星 -1”，专门收集地面数据和资源数据。20 世纪 70 年代中期的各种研究表露出“陆地卫星”图像这一公共商品用途的多样性，其潜在的商业市场机会开始显现。

20 世纪 70 年代末—80 年代初，美国开始对卫星商业遥感分辨率进行限制。1978 年 6 月，美国总统卡特曾下令“陆地卫星”的分辨率不得优于10m。1984年，美国政府在“陆地卫星-5”发射后颁布了《陆地遥感商业化法》，开始了“陆地卫星”系统的商业化探索。NOAA选择地球观测公司负责“陆地卫星”数据的存档、采集和分发等。

20世纪80年代后期，联合国出台政策推动商业卫星遥感的发展。1986年12月，联合国制定了《关于从外层空间遥感地球的原则》，在一定程度上推动了卫星遥感的商业化。1992年10月，美国国会通过了《陆地遥感政策法》，与对陆地卫星系统商业化规定有所不同，该法明确了空间陆地遥感对科学、国家安全、经济和社会的用途，并授权美国商务部对私营企业运营遥感空间系统核发执照。

20世纪90年代，美国和欧洲全面推进卫星遥感商业化的发展。冷战结束后，苏联/俄罗斯于1987年开始出售返回式侦察卫星的5m分辨率照片，1992年又开始出售2m分辨率照片。为有效应对俄罗斯带来的市场冲击，克林顿于1994年3月发布了《美国以外国家介入空间遥感能力的政策》，允许私营公司销售高分辨率卫星图像。该政策的核心是在保护美国国家安全和有利于对外政策的前提下，支持和增加美国卫星遥感产业竞争力。1986年，法国发射了斯波特-1卫星，作为由政府发展的商业运作系统。从那时起，“陆地卫星”和“斯波特”项目开始在全球中等分辨率地球观测数据市场上取得成功。目前“斯波特”项目已经发展到了“斯波特-7”，于2014年6月发射。

20世纪末—21世纪初期，私营商业遥感公司快速发展。美国1992年和1994年的政策在一定程度上鼓励了商业公司制造高分辨率对地观测卫星。与“陆地卫星”这样由政府运作，逐步向商业化发展的卫星不同，这类卫星由私营商业公司所拥有，如分辨率为1~5m的“伊科诺斯”系列、“快鸟”系列等。“伊科诺斯”是美国地球眼公司发展的第一代商用高分辨率陆地观测卫星，1999 年 9 月，首颗伊科诺斯卫星进入轨道，用于为军民用户提供高分辨率卫星遥感图像，美国军事图像情报部门——国家地理空间情报局是该卫星的最大用户。“快鸟”是美国数字地球公司的第一代高分辨率商业遥感卫星，首颗卫星于 2000 年 11 月发射入轨，同样用于为军民用户提供高分辨率卫星遥感图像，其最大的用户也是国家地理空间情报局。此后美国数字地球公司发展了其第二代高分辨率商业遥感卫星“世界观测”，“世界观测 -1”和“世界观测 -2”分别于 2007 年和 2009 年发射。地球眼卫星是美国地球眼公司发展的第二代高分辨率商业遥感卫星，2008 年 9 月，地球眼 -1 卫星发射入轨。

（四）航天地面设施商业服务发展

20 世纪 60 年代—70 年代，航天地面设施逐步发展并具备了开展商业服务的能力。美国商业航天发展最早，1965 年 4 月德尔它 -D 运载火箭即成功实施了第一次商业发射，将晨鸟号国际商业通信卫星送入轨道。在此阶段，为满足商业运载火箭和商业卫星研制，美国建成了相应的航天地面设施，包括制造设施、测试设施、航天发射场等。当然，此类设施也同时为非商业卫星和运载火箭研制服务。

20 世纪 80 年代—90 年代初，以出租发射台为主的地面设施商业服务逐步发展。美国航天地面设施的拥有主体主要是 NASA 和美国空军，这些地面设施进行商业服务最早可以追溯到 1982 年，以出租发射台为主。当时，美国允许 NASA 将其位于弗吉尼亚州沃洛普斯岛的一个发射台出租给经营运载火箭的私营公司，依照合同支付给 NASA 发射场操作费及发射台改建费。1989 年，某私营公司租用范登堡空军基地发射台发射其研制的火箭样机，尽管由于样机点火后没有产生足够的推力导致发射不成功，却开启了私营公司租用空军发射台的先河。此后，美国多个私营公司陆续租用了 NASA 和范登堡空军基地的发射台进行火箭发射。在此期间，欧洲阿里安航天公司阿里安 –3 运载火箭于 1984 年在欧空局所属的圭亚那发射场实现了欧洲的首次商业发射，当时的发射付费约 4000 万美元，开启了欧洲地面设施商业服务的先河。

20 世纪 90 年代—21 世纪初，利用多种地面设施进行多样化商业服务。冷战后，航天产业战略性调整与技术的更新换代使得美国部分地面设施未能充分利用或使用频率下降甚至闲置下来，如风洞试验设备、环境测试设备以及发射场相关设备等，但维护和运营这些设备的成本仍居高不下,这为多种地面设施进行多样化商业服务提供了契机。在此期间，美国航天飞机逐步退役造成航天飞机跑道的使用次数逐步减少，NASA 主动邀请一些私营公司如维珍轨道公司、零重力公司等试用航天飞机的着陆设施，并以高出普通飞机场的价格向私营公司推销这些设施以提供有偿着陆业务。

同一时期，NASA 的风洞试验设备进行了多样化的商业服务，主要包括合作与托管、所有权转让等形式，特别是对那些利用率低的设备加强了管理，保证这些设备得到最基本的维持经费。在合作与托管方面，NASA 多数风洞与试验设备用于 NASA 本身的研究项目，但也有一些设备由军用飞行器相关项目使用，因此转由国防部来支配这类设备，尤其在 NASA 的部分试验设备能力与空军阿诺德工程研究中心的试验设备或外国设备能力相冲突时，NASA 更愿意合作或托管。在所有权转让方面，国家全尺寸空气动力综合实验设施是民用旋翼机研制的重要设备，该设备一直得到广泛的应用，随着旋翼机计划的发展，该设备的维护与使用权也转让给民用部门。此外，NASA 还利用其拥有的环境测试设备向私营公司提供测试服务，2000—2010 年，为超过 30 家商业用户成功进行了 140 次环境测试，获得了超过百万美元的回报，抵扣了 NASA 所拥有的地面设施的部分运营费用。与此同时，美国空军于 2000 年开始对 2 个航天发射场系统进行了现代化改造，增加了发射场的测量设备、网络设备以及控制和显示设备等，大幅度降低了发射的费用和风险，满足了更多私营公司的商业发射需求。圭亚那发射场作为欧盟“最关键的地面设施”，在此期间，成功服务了阿里安–4 运载火箭的 100 多次商业发射任务。

21 世纪初至今，航天地面设施的建设和运用处于面向商业用户转型的阶段。2010 年，NASA 新任局长博尔登上台后，对 NASA 进行重组改革。首先整理闲置下来的地面设施，得出“不被需要”的设施已近 900 个，包括风洞、热真空舱和其他试验设施等，提出未来要积极促进私人部门能以不太高的价格使用这些设施。肯尼迪航天中心也积极进行转型改革，从“以政府为中心的发射基地”向“可适应不同飞船、系统及商业发射服务商的多用户航天发射场”转变，并开展了如火如荼的改造和建设，为新兴商业发射公司提供发射设施租赁及相关服务。如肯尼迪航天中心对其拥有的两个主要的发射台——39A 发射台和 39B 发射台进行了改造。39A 发射台为执行猎鹰重型运载火箭的发射进行了充分准备，39B 发射台为成为“清洁发射台”进行改进，为承担 NASA“航天发射系统”2018 年以后的发射任务做准备。此时的欧洲也积极利用政府所有的地面设施进行商业发射，如为了抢占小卫星商业发射市场，于 2013 年 2 月在库鲁成功进行了维加小型商业运载火箭的首次发射等。

（五）美欧商业航天发展历程总结

美国在第一枚商业火箭、第一颗商业卫星的研制和发射等方面都走在了欧洲之前，这和美国航天技术总体上起步早，发展水平相对领先有关。

第一个阶段是起步阶段，从20世纪60年代到70年代。美国研制成功了第一颗商业通信卫星，进行了第一次商业运载火箭发射，开始提供全球商业通信卫星服务。美国和欧洲各国政府鼓励更多的企业参与到商业航天活动中来。

第二个阶段是初步发展阶段，从20世纪70年代到80年代。欧洲实现了商业运载火箭的研制和发射，国内和国际商业通信业务快速发展，美国发射了第一颗商业遥感卫星，美国和欧洲商业卫星研制工业基础逐步形成和强化。

第三个阶段是快速发展阶段，从20世纪80年代到90年代。欧洲在商业运载火箭研制和发射领域取得重要进展，启动新型运载火箭的研制，美国商业火箭研制工作进一步加强。商业卫星通信全面发展，美国和欧洲积极推进卫星遥感商业化，商业卫星研制基础更加巩固和成熟。

第四个阶段是调整与发展阶段，从20世纪90年代至今。美国和欧洲的商业运载火箭实现更新换代，新型商业航天企业进入航天发射领域，商业通信全球覆盖移动通信，大容量高速率通信业务快速发展，私营遥感企业快速发展，高分辨率商业遥感时代到来，商业卫星研制生产能力不断调整。

（六）商业航天发展动因分析

美国和欧洲的商业航天发展水平不尽相同，但总体来看其发展动因基本类似，主要体现在以下四个方面。

1. 发展商业航天是确保航天强国地位和确保技术领先优势的前提条件

商业航天的重要特点之一是以私营公司为主体开展航天活动，且私营公司在技术方案选择、技术创新等方面具有主导权。这无疑为发展创新技术形成领先技术优势提供了条件。美国商业航天发展最大的亮点是通过放开技术成熟的近地轨道货运和载人运输业务，引入商业航天新模式。经过多年发展，美国近地轨道航天运输的相关技术已非常成熟。在此前提下，政府把往返国际空间站的运输业务交给新兴航天企业，并开始尝试将商业航天业务引入深空探测领域，在刺激商业航天发展的同时，也为美国探索深空积累宝贵的技术和实践经验。欧洲则通过 PPP 方式吸引更多的商业企业参与到国家航天项目中，主要用意也是利用商业企业灵活的机制和高效的管理模式以及其在技术创新方面的灵敏性，在航天领域保持对前沿与颠覆性技术较为领先的地位。从另一方面来看，汲取商业航天发展经验，充分利用其在技术创新、产业发展等方面的特点，是进一步巩固和提升本国与本地区在国际航天领域地位的重要前提。

2. 商业航天比传统航天更具成本优势，是减少政府投入、提高效益的主要途径

传统航天是由国家或政府投资，旨在实现国家意志、战略的空间活动，属于国家行为。依靠举国体制，实现集中力量办大事，如美国的阿波罗载人登月计划。随着技术发展，出现了少数具有技术实力和复杂系统项目研制经验的企业集团垄断市场，分享政府订单。如波音公司、洛·马公司等。传统航天受技术、管理、效率以及垄断等多种因素制约，成本相对较高。据统计，美国航天飞机总计发射了 135 次，花费了1960亿美元，平均每次发射费用高达14.5亿美元，以致美国难以承受。2005年11月，NASA局长格里芬明确表示：“随着国际空间站建造的稳步进行，将首次出现对低地球轨道运输服务的市场需求，尤其是航天飞机在2011年退役之后，这种需求尤为迫切。”此外，金融危机的冲击使得美欧预算吃紧，降低成本的需求更加强烈。政府也期望通过商业航天，从技术相对成熟、风险相对较低的传统航天项目中解放出来，而专注于前沿技术开发、未知领域探索，如载人深空探测，商业航天模式由此应运而生。在商业航天模式下，有更多的参与者加入到市场竞争中来，效费比可以逐步优化，从而为技术上可靠、经济上可承受的快速进入空间提供支持。

3. 对商业航天产品与服务的巨大市场需求推动商业航天的快速发展

和平利用空间，不断挖掘应用潜力，为用户提供更加高效便捷的卫星通信服务、位置服务、图像和数据服务、太空旅游服务等是商业航天发展的重要推动力。巨大的商业航天市场需求，为商业航天的发展提供了广阔的前景。根据预测，未来10年，全球将研制200颗以上的大型商业通信卫星和数千颗商业遥感卫星，全球将进行300次以上的商业航天发射任务，需要大、中、小多型商业运载火箭。总体来看，以卫星商业应用为例，在固定和移动卫星商业通信、卫星商业遥感等方面都有着巨大的市场需求，为商业航天发展提供了不竭的推动力。

4. 商业航天产出的新技术能为军民航天借鉴和应用，可大大强化航天工业基础

航天技术具有军民两用性，在商业航天领域进行的技术创新和技术储备，同样能够为军事航天和民用航天服务。如美国太空探索技术公司（以下简称太空探索公司）在2016年成功突破了运载火箭助推器垂直起降重复使用技术。这虽然是该公司的个体行为，但也同样表明美国已经掌握了这项技术，在运载火箭领域实现了重大的技术突破。如果将该项技术用于军用航天器和民用航天器的发射，同样可以实现降低军事航天和民用航天进入空间成本的目标。此外，作为商业航天的重要参与者的私营公司，如果取得重要技术进展和技术突破，也将使一国航天工业基础得到增强，提升航天工业整体能力。

第二章
商业航天发展形势

近年来，世界航天产业在市场需求的有力牵引和商业航天的有效带动下，保持了良好发展态势。商业航天作为重要热点，在全球航天经济中的占比从2013年的73.37%持续增长到2020年的79.87%，在全球航天经济中的重要性持续强化。美国作为世界航天的领头羊，不断加大商业航天支持力度，鼓励商业航天力量参与民用航天乃至军事航天。美国总统特朗普于2018年5月、6月先后签署的《2号航天政策指令》和《3号航天政策指令》，将极大推动商业航天发展。未来，商业航天占比有望继续提高。

总体而言，国际宇航全景生态纷繁复杂。从横向动态比较看，企业改革调整、兼并重组、技术创新、商业模式创新是当前全球各宇航企业的主要发展态势。从纵向定位比较看，有已经进入宇航市场的企业，还有蓄势待发正在进入宇航市场的企业，有居于绝对垄断地位的企业，也有新兴且正在宇航市场发展顺风顺水的企业。

一、商业航天产业规模概述

航天产业可划分为政府航天预算和商业航天两部分，其中政府航天预算在总体规模中的占比呈现持续下滑态势，目前已低于20%，而商业航天板块总体呈现持续上升态势，2020年占比已接近80%。造成这一结构变化的主要原因，一是商业航天产业蓬勃发展，其经济规模增长快于政府预算；二是主要航天国家的发展思路有所调整，尝试扩大商业航天能力的采购与应用。

（一）商业航天板块总体规模情况

近十年全球商业航天产业总体规模呈现稳步增长态势。2008 年，全球商业航天板块经济收入为 1440 亿美元，而到 2017 年收入已达到 2690 亿美元，年均复合增长率为 7.1%。2008—2017 年商业航天板块收入走势见图 1。

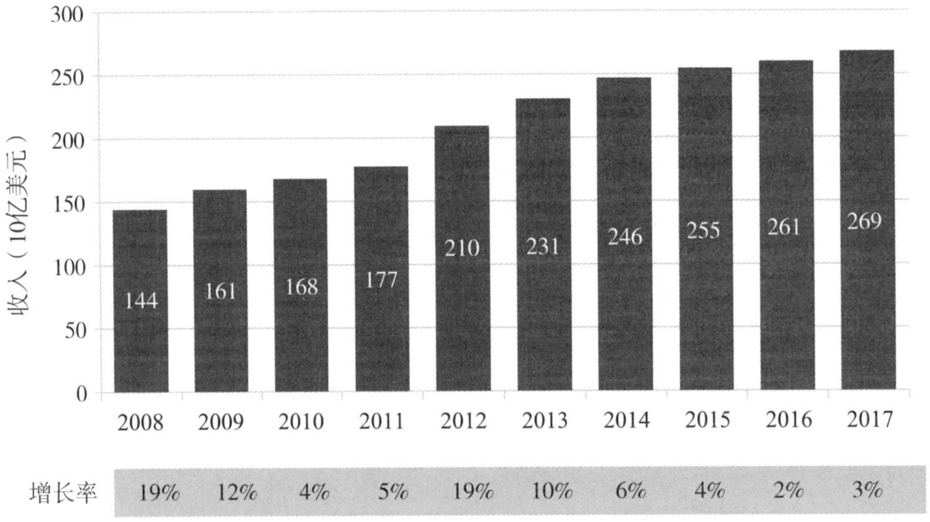

图 1　2008—2017 年商业航天板块收入走势

商业航天的发展跟政府大力支持紧密相关,并呈现以下两个特点。

1. 各国政府对商业航天的支持力度持续提升

从支持力度来看，美国对商业航天的政策支持力度最大，特别是以总统指令的形式推动商业航天政策优化，进一步彰显了美国发展商业航天的决心；俄罗斯综合考虑政府预算不足的劣势和商业航天迅猛发展的外部形势，也开始在商业航天政策支持方面发力，巩固传统商业发展优势，拓展商业航天发展新领域；欧洲在有关航天政策和策略措施中提到了支持商业航天发展；日本、印度等国家也在商业航天领域有所作为。

2. 虽然主要航天国家高度重视并积极推进商业航天发展，但各国商业航天进展不一

美欧商业航天优势明显，凭借良好的基础和超前的布局，领跑世界商业航天发展。俄罗斯虽起步较早，但主要局限在商业航天发射服务和国际空间站航天员运送领域，自 2017 年起，开始多举措提高航天各领域商业化能力。日本、印度等国家商业航天发展也在加快，并在部分领域取得一定优势。总的来看，为顺应商业航天蓬勃发展的新态势，主要航天国家相继出台多项政策与法律法规，制定了符合各自国情的商业航天发展计划，着力为商业航天营造更加良好的发展环境。

（二）商业航天重点领域发展情况

商业航天覆盖了航天产业链的各个环节，对应包含了商业卫星发射服务（含商业火箭制造）、商业卫星制造、商业卫星应用与服务、地面设备等部分。商业卫星发射服务指研制一型火箭，利用该火箭将国内外用户的卫星送入距离地面 100 km 以上的地球轨道。商业卫星制造指研制具有通信、导航、遥感等功能的卫星。商业卫星应用与服务指通过自主研制或购买的方式获得卫星拥有权，通过出租星上转发器或直接利用该卫星为用户提供服务的方式获得回报的过程。地面设备是指在地面使用的、用于利用或接收卫星信号，实现通信及获得位置信息等目的的天线产品、手持终端等。

在商业航天收入总额中，卫星应用与服务业收入占比近七成，是整个商业航天产业收入的重要组成部分。从产业链环节依存度来讲，卫星发射、卫星制造等商业航天系统与产品的发展取决于下游应用与服务产业发展，近几年商业航天的蓬勃发展很大程度上也取决于下游应用与服务产业的快速增长。

1. 商业卫星应用与服务业

商业卫星应用与服务由消费者服务（卫星电视、卫星无线电广播和卫星宽带）、固定卫星服务〔转发器协议和网络管理服务（含飞行中服务）〕、移动卫星服务及对地观测服务几部分组成。全球卫星服务业收入 2017 年增长了 1%，达到 1287 亿美元（见表 2）。

表 2 2013—2017 年全球卫星服务业收入（亿美元）

年份	2013 年	2014 年	2015 年	2016 年	2017 年
增长率	5%	4%	4%	0.2%	1%
总计	1186	1229	1274	1277	1287
消费者服务	981	1009	1043	1047	1045
– 卫星电视（直播卫星 / 直播到户）	926	950	978	977	970
– 卫星无线电广播	38	42	46	50	54
– 卫星宽带	17	18	19	20	21
固定卫星服务	164	171	179	174	179
– 转发器协议①	118	123	124	112	111
– 网络管理服务②	46	48	55	62	68
移动卫星服务	26	33	34	36	40
对地观测服务	15	16	18	20	22

注：因四舍五入原因，各项数字之和可能与合计不完全相符。①含直播到户卫星电视和某些移动服务平台容量；②含 VSAT、移动和飞行中连接。

在消费者服务行业中，卫星无线电广播和卫星宽带收入分别增长了 8% 和 5%，而较为成熟的卫星电视则有所下滑。卫星电视服务（直播卫星 / 直播到户）2017 年收入下降约 1%，为 970 亿美元，占所有卫星服务收入的 75%，占消费者服务收入的 93%。全球有卫星电视付费订户约 2.2 亿户，在一些地区有所下降或保持平稳。卫星电视服务全球收入中有 39% 来自美国。超高清频道数量不断增加，但数量依然只有全球电视频道总数的 1%；高清频道数量约占全球电视频道总数的27%。另外，压缩技术仍在不断改进，加上更多的消费者倾向于IP视频服务，有可能导致卫星容量需求增长放缓。卫星无线电广播收入2017年增长了8%，达到54亿美元；订户数量增加了6%，达到3270万户，主要是美国用户群体。卫星宽带收入2017年增长了5%，达到21亿美元；订户数量增长5%，达到约200万户。随着美国上空新发射卫星容量的增加，订户将会进一步增长，并提供更多的带宽。绝大多数订户在美国，但非美国订户数量增速在加快。

移动卫星服务收入增长了11%，可以提供更多的物联网服务，其中包括与移动卫星服务产品捆绑使用固定卫星服务容量所产生的收入。固定卫星服务收入增长了约3%。转发器协议收入下降了约1%，而2016年下降了约3%。网络管理服务收入2017年增长了10%，低于上年的13%，主要由高通量卫星容量和飞行中服务需求拉动。提供消费者卫星宽带服务的卫星运营商在飞行中服务和其他管理服务方面占据了很大的份额，他们的高通量卫星容量提供这两类服务。对地观测服务收入增长了10%。老牌卫星遥感公司收入继续增长，而新厂家也开始创收。新厂家仍在继续融资、研制卫星和部署轨道设施。

2. 商业卫星制造

商业卫星指的是根据国际竞标合同制造或私营机构自己生产的卫星。商业采购政府卫星指的是国内制造商根据专属或竞标合同制造的卫星。本书不包括卫星以外的航天器（载人和货运航天器以及其他一些航天器）和非商业采购卫星（政府部门或大学自己生产的卫星）。

2017年全球卫星制造业总收入为155亿美元，比上年增长12%。美国在全球收入中所占份额为57%，低于2016年的64%。全年共发射 345 颗商业采购卫星，比 2016 年的 126 颗有显著增长，主要原因是商业立方星的部署，立方星部署数量虽有大幅提升，但在总收入占比中仍不足 1%。2017 年发射了 212 颗商业采购立方星，占总数的 61%，大多数用于商业对地观测和气象观测。通信卫星占全年卫星制造业总收入的 43%，而 2016 年为 22%。军事监视卫星占全年总收入的 41%，2016 年为 44%。2013—2017 年全球卫星制造业收入增长情况见图 2。

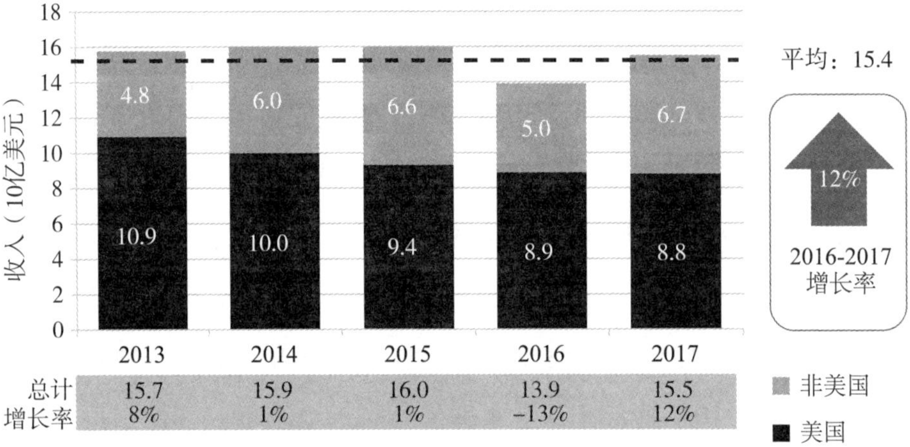

图 2　2013—2017 年全球卫星制造业收入增长情况

美国 2017 年卫星制造收入比 2016 年下降 1%，其中商业部门收入同比增长 12%，而政府部门收入则同比下降 4%，美国卫星制造收入有 71% 来自美国政府。除去立方星，美国厂商 2017 年建造的卫星数量占全年发射卫星数量的 22%，收入占比为 61%。如果包括立方星，美国厂商 2017 年建造的卫星数量约占全年发射数量的 68%，收入占比为 57%。2017 年共发射了 236 颗美制卫星，其中 203 颗是立方星。

据不完全统计，2017 年对外宣布的 8 颗商业地球静止轨道卫星订单中，美国厂商赢得 4 份订单，占 50%，比 2016 年的 59% 有所下降。与过去 15 年的卫星轨道寿命周期相比，上次订单最少是在 2002 年，有 10 颗卫星订单。

3. 商业卫星发射服务

商业卫星发射服务由发射服务和运载火箭两部分组成。本书统计的是商业采购卫星发射，包括国际竞标卫星发射和专属卫星发射。本书中不包括非卫星任务发射（如向国际空间站运送人员和货物、其他空间飞行器等）和非商业采购发射（如政府机构发射本机构的卫星）。

2017 年全球商业采购卫星的发射收入为 46 亿美元，相比于 2016 年的 55 亿美元下降了 16%。美国在全球发射收入中所占的份额从 2016 年的 40% 下降到 2017 年的 39%。2017 年开展的以商业方式采购的发射次数为 64 次，与 2016 年持平。其中，美国厂商进行了 23 次商业采购发射。

总体来看，2017 年全球商业采购卫星发射次数相当于 5 年平均水平。美国发射商的商业卫星发射订单增长了两倍多，2017 年为 15 份，而 2016 年为 4 份。与 2016 年相比，每千克平均发射价格（估算）下降了 40%。虽然发射次数与 2016 年持平，但发射总收入下降了 16%，这主要是因为 2017 年使用的火箭发射费用较低。全球各地的政府用户仍是卫星发射收入的主要拉动力量，2017 年占比 55%，低于 2016 年的 70%。美国太空探索公司的发射次数有较大增长，其发射费用一般较低。太空探索公司 2017 年进行了 13 次商业采购发射服务（包括 3 次低价重复使用第一级发射），而 2016 年只有 5 次。目前该公司的发射间隔已达到 14 天。美国德尔它 –4 火箭发射次数比 2016 年减少了 3 次，再加上宇宙神 –5 火箭价格较低，都对总收入下降产生影响。按国家分，美国在所有商业采购发射收入中所占份额最大，为39%，而全球收入中有22%来自美国政府卫星的发射。欧洲阿里安航天公司的表现依然强劲，俄罗斯的商业发射越来越少。

据不完全统计，2017年全球共签订了26份国际竞标发射合同，是2016年（14份）的近2倍。美国公司赢得了15份订单，比2016年的4份有显著增长。美国的市场份额从2016年的29%增长到58%，其中太空探索公司获得6份国际竞标合同，蓝色起源公司和维珍轨道公司各获3份专属合同，矢量公司获得2份合同，火箭实验室公司获得1份合同。此外，10份政府有效载荷订单没有计入。

全球目前有近40种甚小型运载器（低地球轨道运载能力小于或等于500kg）正在研制之中。这类火箭有助于控制小型有效载荷的发射进度，并具有其他使用上的优势。不过，同大火箭相比，它们的单位质量发射价格相对偏高。另外，并非所有项目都已解决了经费，很多项目存在变数和研制风险。

4. 地面设备业

地面设备包括网络设备〔信关站、控制站、甚小孔径终端（VSAT）〕和消费者设备（卫星电视设备、卫星无线电广播设备、卫星宽带设备、卫星电话和移动卫星终端及独立卫星导航设备）。

全球卫星地面设备业总收入2017年增长了5.6%，达到1198亿美元。美国2017年占地面设备业收入的份额为42%。网络设备收入增长了14.5%，主要源于管理网络服务需求的增长，包括飞行中连接服务等。卫星导航（GNSS）2017年收入增长了6%，包括独立和车载式装置以及支持移动装置定位服务的芯片、交通信息系统和用于飞机、海上、测绘、铁路的卫星导航电子设备。这些估算只包括设备销售，不包括延伸的下游应用收入。卫星电视、广播、宽带和移动卫星终端等消费者设备（非 GNSS）2017 年收入下降了 1%，其中卫星电视终端在某些市场有所下降，但宽带和一些移动设备销售却保持增长。

二、商业航天产业发展现状

商业航天产业覆盖了产业链各环节，对应包含了商业卫星发射服务、商业卫星制造、商业卫星应用与服务、地面设备等部分。近年来，随着商业航天整体的快速发展，各组成部分的产品体系逐步完善，服务的领域和类型正不断地拓展和更新。

（一）商业卫星发射服务

1. 产品层面

运载火箭是各国开展各类空间活动的前提和基础，自 2011 年美国航天飞机退役之后，运载火箭成为各国进入空间的唯一运载工具。目前，仅有美国、俄罗斯、欧洲、中国、日本、印度、以色列、伊朗、韩国、朝鲜等 10 个国家和地区具备独立进入空间的能力。各国现役及在研的主要运载火箭产品及服务情况见表 3 和表 4。

表 3　现役及在研主要大中型运载火箭产品及服务情况

国家或地区	火箭名称	发射服务运营商	首射时间	近地轨道运载能力（t）	地球同步轨道运载能力（t）
美国	宇宙神 -5	联合发射联盟	2002 年	8.7~18.8	2.7~8.9
	德尔它 -4		2002 年	9.4~28.8	3.06~14.2
	火神		2021 年	9.4~18.5	4.75~8.9
	猎鹰 -9	太空探索公司	2010 年	22.8	8.3
	心宿二	诺·格公司	2013 年	6.2~6.6	—
	欧米伽		2021 年	—	4.9~10.1
	新格伦	蓝色起源公司	2020 年	45+	13+

续表

国家或地区	火箭名称	发射服务运营商	首射时间	近地轨道运载能力（t）	地球同步轨道运载能力（t）
俄罗斯	联盟 FG	俄罗斯航天国家集团（质子号、安加拉商业发射由国际发射服务公司负责；联盟号商业发射由斯达西姆公司负责）	2001 年	7.8	—
	质子 M		2001 年	23.0	6.92
	安加拉 -A3		—	14.1	2.4~3.6
	安加拉 -A5		2014 年	24.0	5.4~7.5
	联盟 2.1a/b		2004 年	4.85	3.25
	联盟 ST		2011 年	4.34~4.9	2.76~3.15
欧洲	阿里安 5ECA	阿里安航天公司	2002 年	21.0	9.5
	阿里安 -6		2020 年	10.0~21.0	5.0~11.0
日本	H-2A	三菱重工	2001 年	10.0	4.0~6.0
	H-2B		2009 年	16.5	8.0
	H-3		2020 年	10.0	6.5
印度	PSLV-XL	印度空间研究组织	2008 年	3.25	1.4
	GSLV-2		2010 年	5.0	2.35
	GSLV-3		2017 年	10.0	4.0
中国	长征二号丁	中国航天科技集团有限公司	1992 年	4.0	—
	长征三号乙		1996 年	—	5.5
	长征五号		2016 年	25.0	14.0
	长征七号		2016 年	13.5	—

表 4　现役及在研主要小型运载火箭产品及服务情况

国家或地区	火箭名称	发射服务运营商	首射时间	近地轨道运载能力（kg）
美国	飞马座	诺·格公司	1994 年	500
	人牛怪 4		2010 年	1950
	人牛怪 C-XL		2017 年	2180
	运载器一号	维珍轨道公司	2019 年	500
	电子	火箭实验室公司	2017 年	225
	矢量 R	矢量公司	2019 年	65
	矢量 H		2019 年	160
	阿尔法	萤火虫航天公司	2019 年	1000

续表

国家或地区	火箭名称	发射服务运营商	首射时间	近地轨道运载能力（kg）
俄罗斯	联盟 2-1v	俄罗斯航天国家集团（安加拉商业发射由国际发射服务公司负责）	2013 年	2800
	呼啸号 -KM		2000 年	1950
	安加拉 A1.2		2014 年	3000
欧洲	维加	阿里安航天公司	2012 年	1500
	维加 C		2019 年	2300
	阿里翁 -2	西班牙 PLD 航天公司	2020 年	150
日本	艾普斯龙	日本宇宙航空研究开发机构	2013 年	700~1500
	SS-520 三级	日本佳能电子公司	2017 年	4
	Zero	日本星际科技公司	2020 年	100
印度	PSLV-CA	印度空间研究组织	2007 年	2100
	小卫星运载器		2019 年	500~700
中国	长征十一号	中国航天科技集团有限公司	2015 年	700
	快舟 1A	中国航天科工集团有限公司	2017 年	300
	朱雀一号	北京蓝箭空间科技有限公司	2018 年	200
	双曲线一号	北京星际荣耀空间科技有限公司	2019 年	150
	OS-M1	北京零壹空间科技有限公司	2019 年	205
	捷龙一号	中国长征火箭有限公司	2019 年	200（SSO）
	谷神星一号	星河动力（北京）空间科技有限公司	2020 年	300（SSO）

2. 市场层面

（1）竞争格局

按火箭的运载能力大小细分的市场，竞争格局差别较大。

大中型火箭商业发射市场仍然由阿里安航天公司、国际发射服务公司、太空探索公司等占据主要市场份额。传统的火箭制造商以其技术、资本等累积优势和政府或军方支持，短期内占据全球主要发射市场。

全球小型火箭商业发射市场呈现分散竞争状态。目前，全球正在开展小型运载火箭研制设计的商业公司有维珍轨道公司、火箭实验室公司等20多家，研制进展不一，有的即将开展飞行试验、完成某些部件研制，还有的仍处于方案设计阶段。这些企业绝大多数为新兴航天企业，主要瞄准小卫星发射市场，为小型载荷提供快速、便捷的商业发射服务。

相比大中型运载火箭制造，小型运载火箭制造主要有两方面特点。一是小型运载火箭制造相对容易，新兴企业进入门槛较低。小型运载火箭发动机和结构体积小，在制造、试验方面更容易实现，为小型商业运载火箭发展提供了条件。二是小型运载火箭发射总价较低，在微小卫星发射市场上更有竞争力。微小卫星技术难度和制造成本低、研发周期短，微小卫星运营商在补网阶段更偏向于选择单发价格低、发射频率高的小型运载火箭。

（2）业务发展方向

现役大中型火箭后续型号研发稳步推进。得益于应用质量更轻的电推进方案替代化学推进用于卫星的轨道提升和维护，地球静止轨道通信卫星质量向下分布更加分散，例如以色列飞机制造公司的阿莫斯E平台通信卫星质量最低仅1500kg。另外，高通量通信卫星方案又促成通信卫星质量再创新高，2016年，宇宙神–5火箭发射的回声星–19卫星已超过6700kg。为应对卫星技术进步带来的通信卫星质量分散化现象，全球发射服务商适时调整现役火箭的发射方案，并针对市场需求变化开展新火箭的研发。这些新火箭包括太空探索公司的猎鹰重型运载火箭、国际发射服务公司的安加拉–3和安加拉–5火箭、联合发射联盟的火神火箭、日本三菱重工的H3火箭和蓝色起源公司的新格伦火箭等（见表5）。这些火箭后续型号基本瞄准2018—2020年进入商业市场。现役型号仍然会在市场上持续运营几年，但进入一个过渡时期，整个商业发射服务市场必然会增加更多的不确定性。

表 5　现役主要火箭型号及后续 / 替代型号基本情况

公司或机构	现役型号	首飞时间	运载能力	后续 / 替代型号	首飞时间	运载能力
太空探索公司	猎鹰 9–1.2	2015 年	LEO 22.8t	猎鹰 9 Block 5	2018 年	LEO 22.8t
联合发射联盟	宇宙神 –5	2002 年	LEO 8.1~18.8t	火神	2019 年	LEO 9.4–31.4t
国际发射服务公司	质子 M	2001 年	GTO 6.3t	中型质子号	2018 年	GTO 5t
阿里安航天公司	阿里安 –5 ECA	1996 年	GTO 10.5t	阿里安 –6	2020 年	GTO 4.5–10.5t
阿里安航天公司	维加	2012 年	LEO 1.96t	维加 C	2019 年	LEO 2.3t
三菱重工	H2A	2001 年	GTO 6t	H3	2020 年	GTO 6.5t
印度空间研究组织	GSLV–2	2010 年	GTO 2.5t	GSLV–3	2017 年	GTO 4t

小型运载火箭将于未来几年密集进入商业市场。受近几年互联网星座、物联网星座和遥感小卫星星座的影响，未来几年小卫星商业发射市场呈现爆发式增长趋势（见表 6）。鉴于此，专门用于发射小卫星的小型运载火箭公司纷纷建立，其计划投入市场的时间普遍在未来三年内。

表 6　未来可用于商业发射的小型运载火箭

序号	火箭	运营商	首发时间	低轨运载能力（kg）
1	快舟 1/1A	中国航天科工集团有限公司	2013 年	300
2	艾普斯龙	日本宇宙航空研究开发机构	2013 年	700~1200
3	长征六号	中国航天科技集团有限公司	2015 年	500（SSO）
4	长征十一号	中国航天科技集团有限公司	2015 年	500（SSO）
5	开拓者 2	中国航天科工集团有限公司	2017 年	350

续表

序号	火箭	运营商	首发时间	低轨运载能力（kg）
6	电子	火箭实验室公司	2017 年	225
7	朱雀一号	北京蓝箭空间科技有限公司	2018 年	200（SSO）
8	捷龙一号	中国航天科技集团有限公司	2019 年	200（SSO）
9	OS-M1	北京零壹空间科技有限公司	2019 年	205
10	矢量 R	矢量公司	2019 年	66
11	运载器一号	维珍轨道公司	2019 年	500
12	平流层发射	平流层发射公司	2019 年	1350
13	Cab-3A	CubeCab	2019 年	5
14	Haas 2C	ARCA 航天公司	2019 年	400
15	Intrepid 1	火箭工艺公司	2019 年	376（SSO）
16	双曲线一号	北京星际荣耀空间科技有限公司	2019 年	150（SSO）
17	矢量 H	矢量公司	2019 年	160
18	阿尔法 1.0	萤火虫航天公司	2019 年	1000
19	黑箭 -2	地平线航天技术公司	2019 年	500
20	气球星	零至无限公司	2019 年	75（SSO）
21	快舟十一号	中国航天科工集团有限公司	2020 年	1500
22	新干线一号	深圳市翎客航天技术有限公司	2020 年	150~200
23	阿里翁 -2	PLD 航天公司	2020 年	150

（二）卫星制造业

1. 产品层面

从 20 世纪 60 年代中期开始，商业通信卫星进入国际市场。为了缩短研制周期、降低研制成本、提高产品竞争力，国外制造商提出采用模块化设计的卫星公用平台取代传统的卫星平台，建立卫星公用平台产品线，从而大幅提高通信卫星的产能。在尝到甜头后，各个制造商大力发展卫星公用平台，并把它应用于涵盖通信、遥感、导航、科学和技术试验等不同领域。经过 50 多年的推陈出新和稳步发展，国外先进宇航企业建立了不同的卫星公用平台型谱和产品线。

波音公司：波音公司作为全球重要的通信卫星制造商之一，从制造出世界首颗地球同步轨道通信卫星辛康 –1 开始，已专注该领域 55 年，推出的多款卫星平台深受用户的好评。目前在用的有波音 702 系列平台和 502 平台，其中采用 702 系列平台的商业卫星系统已交付 170 多颗。

波音公司 702 系列通信卫星平台于 1995 年开始推出，截至目前已发展有 702HP、702GEM、702MP 和 702SP 四种型号，其中全电推型号 702SP 于 2012 年推出，2013 年 5 月通过了关键的设计评审并投产，功率在 3~9kW 之间，在 S、X、C、Ku 和 Ka 频段工作，卫星设计寿命 15 年以上。波音 702SP 小型卫星可用商业运载火箭发射，包括“猎鹰 –9”“阿里安 –5”“质子”“宇宙神 –5”“德尔它 –4”等火箭，一枚火箭可以发射 2 颗 702SP 卫星，节省 20% 的发射成本。采用 702 系列平台的卫星质量从 1500kg 到 6100kg，有效载荷功率从 3kW 到 25kW，可携带 100 多个大功率转发器。现有 20 多颗卫星在轨，10 多颗在建。波音公司卫星平台技术指标见表 7。

表 7 波音公司卫星平台技术指标

702HP			
推出时间	1997 年	首个用户	泛美卫星公司
首次发射	1999 年	功率	大于 12kW
有效载荷质量	600~1620kg	卫星发射质量	5400 ~5900kg
702GEM			
推出时间	1997 年	首个用户	墨西哥通信与交通部
首次发射	2000 年	功率	8~10kW
有效载荷质量	1250~1480kg	卫星发射质量	1500~2000kg

续表

702MP			
推出时间	2009 年	首个用户	国际通信卫星公司
首次发射	2012 年	功率	6~12kW
有效载荷质量	300 ~650kg	卫星发射质量	5900~6100kg
702SP			
推出时间	2012 年	首个用户	亚洲广播卫星公司和 Satmex（联合采购）
首次发射	2015 年	功率	3~9kW
有效载荷质量	200~680kg	卫星发射质量	1500~2000kg
502			
推出时间	2014 年	首个用户	欧洲卫星公司（可能）
首次发射	未发射	功率	1.5kW
有效载荷质量	最大 250kg	卫星发射质量	1000kg

2014 年波音公司鬼怪工程部推出了 502 卫星平台，称为鬼怪凤凰，有效载荷质量最大 250kg，卫星发射质量最大 1000kg。这一系列平台有 3 种设计型号：鬼怪凤凰平台，质量为 500~1000kg，用于单星或双星发射；鬼怪凤凰 ESPA 平台，质量为 180kg，可通过 EELV 二级有效载荷适配器由宇宙神 –5 或阿里安 –4 渐进一次性运载火箭携带最多 6 颗卫星发射；鬼怪凤凰纳米平台（为空间和天气任务优化的 4~10kg 级卫星）。502 平台的推出，使波音公司可以满足用户从大型地球同步轨道卫星到纳米卫星的需求。2014 年 9 月美国 HySpecIQ 公司与波音公司签订 2 颗 502 平台超光谱成像小卫星系统合同，并计划 2018 年发射，2015 年 5 月该公司因自然资源市场缩减，不得不推迟这一计划，导致合同取消。2017 年 9 月，波音公司赢得欧洲卫星公司制造 7 颗 O3b mPower 卫星的合同，有可能采用 502 卫星平台。

洛·马公司：洛·马公司研制的“通信卫星 –1”于 1975 年发射，迄今洛·马公司已研制近 800 颗卫星，其中 100 多颗商业卫星，提供电视、互联网和图像服务。现代化的 LM2100 和 LM1000 是当前洛·马公司最重要的公用卫星平台，对其此前研制的定制化卫星平台进行了整合。

LM1000 系列是洛·马公司最新推出的中型平台型号，质量为 275~2200kg，适用于多种轨道或行星际任务。该系列同更大的 LM2100 系列有很高的通用性，以降低成本和承载功率更大的有效载荷。

LM2100 系列作为型谱中最大的型号，质量约为 2300kg。它是 A2100 平台的现代化改进型号，共涉及 26 项能提高功率和灵活性的改进，比如采用霍尔推力器和一种多用途太阳能电池阵。洛·马公司新型平台见表 8。

表 8 洛·马公司新型平台

平台 指标	LM50	LM400	LM1000	LM2100 （现代版 A2100）
质量（kg）	10~100	140~800	275~2200	2300~6500
工作轨道	LEO	LEO~GEO	LEO~GEO	GEO
功率（kW）	0.025~0.25	0.75~1.5	1.5~10	20
任务类型	成像、遥感、通信	成像、遥感、通信、行星际	成像、遥感、通信、行星际	成像、遥感、通信
尺寸（m）	0.1 × 0.3~0.2 × 0.4	1 × 1	1.8 × 1	3.7 × 1.8
已建造的卫星数量	1 颗	＞ 150 颗		＞ 100 颗 A2100 卫星
特点	低成本、高风险，可靠性和技术能力有待提高	24 个月可交付，高功率，可进行轨道机动	六边形结构，可携带更多载荷和太阳翼	高可靠、高性能，进行了更大功率、更高灵活性、低成本、短周期的改进

劳拉公司：劳拉公司最大的品牌便是其 SSL1300 平台，近年来为适应市场变化还推出 SSL100 平台和定制化平台。

SSL1300 平台是全球最早提供电力推进的平台之一，验证过 Q/V

波段载荷、光子和载荷在轨交付系统（PODS）等下一代卫星技术。该平台设计寿命15年以上，使用超过55年，目前全球在轨运营的该平台地球静止轨道卫星已超过80颗。该平台特点包括质量轻、结构强度高、姿态和位置保持节约推进剂、太阳翼和电池高效高可靠、控制分系统先进。劳拉公司每年发射4~6颗该平台卫星，目前有15颗以上卫星在建，在执行主任务方案的同时对外开放剩余空间搭载服务和在轨分离出90kg、150kg型有效载荷服务，最晚发射前12个月可接收搭载载荷。2001年至今已完成12次不同载荷的搭载发射服务。

SSL100是灵活的小卫星平台，可执行近地轨道和地球静止轨道通信、遥感、对地观测和天基增强任务，生产线提供低费效比解决方案，适应新兴“新航天”市场，筛选可满足最低辐射需求商业货架产品，选用地面硬件进行空间应用，适用劳拉公司任务保障程序，确保高可靠性和高质量。供应链平台可提供功率100~500kW，便于规模化生产以满足星座建设需求，目前已发射100多颗小卫星。此外，劳拉公司还提供小卫星与火箭接口和集成服务。

空客防务与航天公司：空客防务与航天公司的“欧星”系列通信卫星是世界主要卫星运营商的选择，适用所有通信任务，可由各种运载器发射。自“欧星”系列首颗卫星——海事卫星2 F1发射以来，已有50多颗“欧星”交付使用。空客防务与航天公司制造的“欧星”系列卫星累计在轨运行时间超过400年。现用型号“欧星”3000采用模块化设计，有效载荷功率从4kW到14kW不等，可载带100多个转发器和大量天线。主要卫星产品包括哨兵系列环境监测卫星、大地合成孔径雷达等地球观测卫星，“电信星”“直播电视”“快讯-AM4R”和“快讯-AM7”等通信卫星，“昴星团-1B”“斯波特-6”和“天网-5”等军用卫星。

泰·阿公司：泰·阿公司具备大、中、小型各类卫星制造能力，拥有“空间客车”3000系列、“空间客车”4000系列、“空间客车”NEO系列和EliteBus-1000系列等平台，还与空客防务与航天公司合作研制了“阿尔法”多功能卫星平台。泰·阿公司平台性能及订单情况见表9。

表9　泰·阿公司平台性能及订单情况

平台 指标	空间客车3000		空间客车4000		空间客车NEO			EliteBus-1000	阿尔法
	B2	B3	B系列	C系列	全电推	混合推进	化学推进		
卫星发射质量（kg）	2000~3400	3200~4100	3000~4100	4400~5900	3000~6000			500~860	6000~8600
功率（kW）	5~6	6~9	＞8	＜16	＞16	—	—	2	12~18
转发器数量（路）	30~40	40~50	80~100	120					
设计寿命（年）	15	15	16	16	15			15	15
订单签约/完成数量	12/12	10/10	15/14	22/21	4/0			131/90	1/1

其中空间客车NEO是泰·阿公司在欧空局、法国航天局支持下于2016年最新推出的地球静止轨道卫星平台，具备全电推力、电化学混合推进和化学推进三种型号，携带载荷最多达2000kg，功率最高20kW。全电推型号载荷可达1400kg，功率超过16kW，目前已获得3份商业订单、1份政府订单。

EliteBus-1000平台是泰·阿公司专门为中低轨通信卫星星座设计的小型卫星平台，可携带载荷质量超过500kg，功率可达2kW。

中国航天科技集团有限公司：中国航天科技集团有限公司已形成完备的东方红系列卫星公用平台及型谱化产品（见表10）。成熟的东方红三号、东方红四号卫星平台，以及全新研制开发的东方红四号 S、东方红四号增强型、东方红四号全电推和东方红五号等新型卫星平台，将进一步满足各方用户不同种类的卫星通信应用需求。

表 10 中国航天科技集团有限公司卫星平台性能情况

指标 \ 平台	东方红三号	东方红四号 S	东方红四号全电推	东方红四号	东方红四号增强	东方红五号
发射质量（kg）	2320	4200	2500	5100	5500	8000
平台质量（kg）	1100	2000	1300	2200	2700	2800
输出功率（kW）	1.7	7.8	17	10	14	28
承载载荷质量（kg）	350	450	500	600	800	1500
承载载荷功率（kW）	1	4	9	8	10	18
寿命（年）	8	15	18	15	15	16

东方红三号卫星平台是一种成熟的中等容量地球静止轨道卫星平台，现已用于通信 / 广播卫星、中继卫星、导航卫星和探月卫星等多种卫星。

东方红四号卫星平台是新一代大型地球静止轨道卫星公用平台，具有大容量、长寿命的特点。可用于大容量通信 / 广播卫星、视频 / 音频直播卫星、数据中继卫星、区域移动通信、高轨遥感卫星等。

东方红四号 S 卫星平台是为满足通信和导航等多种任务需求开发的中等容量同步轨道公用卫星平台。该平台以国内自主技术创新为基础，采用综合电子体系构架，应用国际先进的锂离子蓄电池、南北耦合高效热控和离子电推进等技术。

东方红四号增强型卫星平台是我国开发的新型大容量卫星公用平台。该平台通过增加通信舱高度，采用电推进、综合电子、锂离子电池、多层通信舱、重叠可展开天线等先进技术，使有效载荷能力大幅提升。它具有良好的灵活性，可以根据用户不同的任务需求采用不同的配置。

东方红四号全电推卫星平台采用电推进系统实现地球同步转移轨道变轨和地球同步静止轨道在轨位置保持、动量轮卸载等任务，可大幅缩减推进剂携带量，在保持同等有效载荷质量下使卫星发射质量降低约40%，从而实现一箭双星发射，有效节省发射成本。

东方红五号卫星平台是我国下一代地球同步轨道大型卫星公用平台，主要满足未来通信、对地观测和微波遥感类卫星的需求，同时兼顾光学遥感类卫星的需求。具备布局120路以上转发器和10副以上天线的能力，达到国际领先水平。

2. 市场层面

（1）竞争格局

大中型卫星制造市场由劳拉公司、波音公司、诺·格公司、空客防务与航天公司、泰·阿公司等占据，小型卫星制造商企业众多，并呈现分散竞争的格局。

（2）业务发展方向

全电推平台逐渐获市场认可，驱动卫星向低成本、长寿命方向发展。自2012年波音公司拿到首颗全电推卫星订单起，截至2018年年底，全球共签署18颗商业、5颗军事/政府全电推通信卫星。其中2015年波音公司首批2颗全电推卫星成功发射，增强了运营商的信心，也加速了全电推卫星进入市场的速度。目前，除洛·马公司尚未推出全电推卫星方案外，波音公司、麦克萨技术公司、空客防务与航天公司以及泰·阿公司均已向商业市场推出了全电推卫星解决方案。德国OHB公司、诺·格公司、道里亚宇航公司等也已具备了全电推卫星研制能力，采购全电推卫星的用户也逐渐增多（见表11）。

表 11　全电推商业通信卫星市场签约统计

制造商	卫星	运营商	平台
波音公司	ABS-2A	亚洲广播卫星公司	702SP
	ABS-3A		
	ABS-8		
	欧洲通信卫星西 115B	欧洲通信卫星公司（原墨星公司）	702SP
	欧洲通信卫星西 117B		
	SES-15	欧洲卫星公司	
空客防务与航天公司	欧洲通信卫星西 172B	欧洲通信卫星公司	欧星 3000E
	SES-12	欧洲卫星公司	
	SES-14		
	移动通信卫星 -6 F1	国际移动卫星公司	
	移动通信卫星 -6 F2		
	土耳其星 5A	土耳其卫星公司	
	土耳其星 5B		
泰・阿公司	连通（原非洲宽带卫星）	欧洲通信卫星公司	新空间客车
	SES-17	欧洲卫星公司	
麦克萨技术公司	欧洲通信卫星 7C	欧洲通信卫星公司	SSL1300
道里亚宇航公司	下一代星（NextStar）1	印度阿尼亚拉空间通信有限责任公司	道里亚平台
	下一代星（NextStar）2		

各大卫星制造商都积极推行平台标准化、通用化。在卫星制造业面临着前所未有的变化之际，更快交星的进度压力、巨型星座的出现和尽快采用新技术的要求正在促使波音公司、洛・马公司、劳拉公司、空客防务与航天公司、泰・阿公司逐步加强大型卫星的标准化和通用化工作。

为实现平台接口标准化、各型卫星可使用通用的配套部件，洛・马公司已花了大约 5 年时间和约 3 亿美元来开展这项工作。目前已形成新的平台频谱方案，将使每个平台的核心构件在多种部件上与其他平台保持通用性，这类部件超过 280 个，涉及推进、反作用轮、常平架、功率调节、太阳能电池阵、蓄电池技术、温控以及软件和航电设备。

麦克萨技术公司、波音公司也很重视卫星平台的通用化，一种平台用于研制通信、对地观测、空间探测等多种任务类型的卫星。采用标准化产品方案和通用化技术接口可降低研制复杂性、提高系统可靠性，对降低成本和提高产品供应链稳定性都有好处。

巨量、快速的小卫星制造需求正推动卫星制造向规模化、柔性化、短周期转变。自 2014 年低轨互联网星座兴起以来，全球提出要部署的小卫星数量已接近 2 万颗，而且还要在 7~8 年的时间内实现，卫星制造商正在推动卫星的批量化、自动化、短周期生产，而其中的典型代表就是一网公司和空客集团合资成立的一网卫星公司。

目前，一网卫星公司握有一网公司“第一代”星座以及后续星座共计超过 2000 颗的制造订单，并已做好拓展其他商业和政府用户的准备。一网卫星公司佛罗里达州的卫星制造工厂已于 2017 年 3 月 16 日破土动工，按照其公布的未来设想，公司将利用智能装配工具、大数据控制、自动精准耦合、自动导轨传送机器人、增强现实工具以及自动测试系统等手段，加速整个 AIT 流程，其 1 条生产线共含 30 个测试和组装工位，每个工位分配 2 名工人，可实现 1 天 1 星的出厂交付能力。

泰·阿公司和意大利空间电信公司合资开展一个项目，以建设和运营一个由 60 颗快速重访高分辨率对地观测卫星构成的星座，并在美国新建一套年产 30 颗卫星的新设施，并以此为基础成立“低轨明星有限责任公司”，以争取为其他用户建造质量 300kg 的卫星。

此外，波音公司、劳拉公司、洛·马公司也推出各自小卫星平台产品。提高效费比、可规模化生产、柔性设计已经成为小卫星平台和有效载荷产品开发的重要趋势。

（三）卫星运营业

1. 产品层面

卫星运营可以分为通信卫星运营、遥感卫星运营和导航卫星运营，其中通信卫星运营又可分为卫星电视（直播卫星 / 直播到户）、卫星无线广播、卫星宽带、固定及移动转发。通信卫星运营业是卫星运营最大、也是最成熟的领域，占据整个市场 90% 的份额。

2. 市场层面

总体上，卫星运营服务领域依然由传统卫星运营商占据市场主导地位，但新兴企业正在寻求打破市场格局的契机。

（1）卫星通信市场

1）竞争格局

美欧等国的通信领域呈现全面市场化竞争格局，但市场仍由传统运营商主导，新兴企业的低轨互联网星座组网计划未来很有可能打破卫星通信领域的现有格局。

传统的卫星运营公司主要包括：国际通信卫星公司、欧洲卫星公司、欧洲通信卫星公司、电信卫星控股公司、天空完美日星公司、俄罗斯卫星通信公司等。这些公司最初都具有政府背景或由国家提供政策、资金扶持，逐步推行市场化举措，最终实现公司商业化运作。

新兴企业计划建立低轨卫星互联网星座提供全球服务。以一网公司、太空探索公司等为代表的新兴航天企业与以谷歌、亚马逊、Facebook 等为代表的互联网巨头跨界融合，共同提出一系列互联网宽带通信卫星星座计划，推动卫星运营服务业迈向新高度。

2）业务发展方向

高通量卫星促进宽带互联网业务的发展,移动互联业务增长迅速。近年来，固定宽带和移动互联业务增长迅速，运营商基于高通量 GEO 卫星和中、低轨互联网星座，以及地面 VSAT 站、光纤网提供天 – 空 – 地一体化的网络接入服务。2010 年以来，国际通信卫星公司、欧洲卫星公司、欧洲通信卫星公司三家公司重视卫星网络的商业价值，积极布局高通量卫星。除此之外，欧洲卫星公司于 2016 年收购 O3b 公司，进军中地球轨道卫星互联网市场，国际通信卫星公司虽未如愿并购一网公司，但达成了 GEO 和 LEO 卫星合作计划。欧洲通信卫星公司尚未投资建设低轨卫星星座或相关公司，仅与美国卫讯公司和耶赫星卫星公司开展合作以拓宽卫星宽带覆盖范围。目前，国际通信卫星公司是全球最大的卫星网络服务提供商，占全球市场 29% 的份额。Eutelsat 固定宽带和移动互联业务增长迅速。

此外，各运营商均看好空中和海上移动互联业务领域，其中国际移动卫星公司优势明显，欧洲卫星公司起步顺利，欧洲通信卫星公司和国际通信卫星公司能力还有待加强。欧洲通信卫星公司认为其海事互联业务能力尚且不足，国际通信卫星公司的海洋和空中移动互联业务形式尚不明朗，欧洲卫星公司的海洋和空中移动互联业务突出。借助 O3b 公司的中地球轨道卫星星座，延时缩短到 150 微秒，网络接入速度提高，费用降低。虽然海洋和空中移动互联网业务尚处于起步阶段，欧洲卫星公司已为全球大部分游轮运营商和空中互联服务商提供服务。目前欧洲卫星公司向 50% 具备连接卫星服务的飞机提供互联服务。各家卫星运营商网络业务情况见表 12。

表12　各家卫星运营商网络业务情况

公司	卫星名称	容量（Gbit/s）	发射时间
卫讯公司	卫讯-1	140	2011年
	卫讯-2	300	2017年
	卫讯-3	1000	2020年
休斯公司	木星-1	140	2012年
	木星-2	220	2016年
	木星-3	500	2021年
国际通信卫星公司	国际通信卫星29e	25	2016年
	国际通信卫星33e	25	2016年
	国际通信卫星32e		2017年
	国际通信卫星35e		2017年
	国际通信卫星37e	45	2017年
欧洲卫星公司	SES-15	10	2017年
	SES-14		2018年
	SES-12		2018年
欧洲通信卫星公司	大KA卫星	70	2010年
	欧洲通信卫星65A	24	2016年
	欧洲通信卫星172B	1.8	2017年
中国卫通集团股份有限公司	中星十六号	20	2017年

高、中、低轨通信卫星业务协同发展的局面已开始逐步显现。作为传统通信卫星运营商国际通信卫星公司、欧洲卫星公司、欧洲通信卫星公司、加拿大电信卫星控股公司、日本天空完美日星公司等都表示，低轨卫星的低时延性，在某些市场比地球静止轨道卫星具有明显优势，出于增强自身业务竞争能力需求的考虑，这些公司开始向中、低轨卫星星座项目投资。各大通信卫星运营商对中、低轨道项目的态度及举措见表13。

表13 各大通信卫星运营商对中、低轨道项目的态度及举措

运营商	采取的主要措施	主要目的
欧洲卫星公司	买下 O3b 公司剩余 49.5% 的股份	提高在军事、海事、油气、能源和移动回路服务等增长型市场的竞争力
国际通信卫星公司	2015 年参与了一网公司第一轮 5 亿美元的融资	有助于获得 IT 业务，进一步增强车联网和物联网市场竞争力
	2018 年 3 月采购一颗低轨验证物联网卫星	用于评估低轨卫星开展新兴物联网业务的可行性和经济性
加拿大电信卫星控股公司	2016 年向劳拉公司和萨里卫星公司订购 2 颗 Ka 波段低轨原型验证星	在低地球轨道上对这两颗全然不同的卫星进行试验和验证，这是对其拟议中的低轨星座设计和性能进行优化的关键一步
日本天空完美日星公司	2017 年向开展低轨宽带业务的美国低轨星公司投资，并参与其宽带业务的推销	扩展和补充现有的地球静止卫星业务，使其能满足那些利用现有技术无法满足的用户需求
卫讯公司	拟建立由 24 颗中地球轨道卫星组成的星座	加强拟由 3 颗卫讯 -3 地球静止轨道卫星构成的全球网络

多家初创公司进军物联网应用市场。近年来，物联网技术及应用进入了蓬勃发展的黄金时期。以英特尔、谷歌、思科、软银为代表的国外巨头纷纷加大对该领域的投资，积极构建、完善物联网生态圈；在国内，华为、百度、阿里巴巴、腾讯、中国移动等公司或搭建服务平台、或推出操作系统、或开发硬件设备，正结合自身的优势向物联网市场展开冲击。面对未来物联网广袤的市场，全球多家初创公司宣布建立专门的小卫星星座来开展相关业务。部分开展物联网相关业务的公司及其星座计划见表 14。

表 14 部分开展物联网相关业务的公司及其星座计划

序号	公司名称	物联网相关计划
1	瑞士埃尔斯公司	计划用 64 颗立方星级别的卫星组网开展物联网业务，并已得到空客集团所属投资机构空客风投的投资
2	美国开普勒通信公司	自 2015 年成立以来已筹集 550 万美元，欲部署 140 颗 Ku 波段的低地球轨道卫星星座，用于连接地球上或者轨道上的设备
3	太阳神连线公司	公司将利用刚融到的 400 万美元造发卫星，以帮助用户对全球数十亿台设备进行跟踪和通信联络。公司正在制造手机大小的太阳能传感器，并制造鞋盒大小的集线器，以从用于监测温度、高程、位置和振动等变量的众多传感器那里采集数据
4	澳大利亚空天全球公司	将建立 200 颗卫星组成的星座，不仅可以提供通信服务，还可提供机器对机器（M2M）和物联网连通服务。前不久公司已实现利用纳型卫星提供窄带连接来传送语音呼叫的功能
5	荷兰卫星量值空间公司	将建立由 18~24 颗立方星组网的星座，用于为功率很小的传感器和设备提供连通服务。该公司的技术目标是成为物联网领军企业 Sigfox 和 LoRa 公司低功耗地面技术的延伸，并且公司目前已同铱星公司结成伙伴关系

这些公司声称未来几年他们将从数百亿美元的物联网产业链中获得数千万美元甚至上亿美元的份额，但他们要想从现有的服务市场分一杯羹并不容易。竞争首先来自于地面运营商。因为物联网很大程度上可复用现有的地面运营网络（有线宽带网、2/3/4G 移动网络等），而现有地面运营商在人口较为密集的城市地区已形成较为完善的基础设施网络，使得现有市场绝大部分的份额被地面运营商掌握。其次，国际移动卫星公司、铱星公司、全球星公司等现有的卫星运营商已开始布局该领域，完善的卫星基础网络和运营体系正使其逐步获得目前地面运营商覆盖不到的市场。

对于初创公司，目前细分市场或许还有机会，但相对较少。因为确实需要通过卫星接入的市场主要集中在没有地面设备可用，但又要求应用时常在线的地区，而初创公司小卫星星座建设早期，由于完整星座的缺乏，小卫星星座的时延难以满足这些用户可靠性的要求。此外，农业、矿业和城市及边远地区的读表应用等功耗要求极低的领域也是目前可预期的市场，但市场潜在收入相对较低，难以容纳诸多卫星星座运营商。

四大全球卫星运营商联合推动部分星用C波段用于地面5G业务。频谱资源作为开展通信业务的基础，一直以来都是空间业务与地面业务运营商争夺的焦点，但从以往的经历来看，卫星业务领域始终处于弱势。美国、欧洲和非洲在2015年完全失守C波段下部（3.4~3.6GHz）谱段之后，星用C波段（3.7~4.2GHz）也出现岌岌可危的局面，更令卫星运营商担忧的是，2016年美国FCC裁定不再对Ka波段频谱卫星系统提供保护，向下一代5G无线宽带业务开放24GHz以上的频谱，而27.5~28.35GHz正是目前Ka宽带卫星覆盖的频段。

为顺应国际5G业务发展趋势，同时也是更好地保护核心Ka波段资源，国际通信卫星公司和欧洲卫星公司于2017年年底提出对地面通信企业开放部分星用C波段频谱用于5G网络建设。2018年欧洲通信卫星公司和加拿大电信卫星公司也加入该行列，并组成“C波段联盟”，为把部分C波段频谱从卫星运营商转让给移动运营商提供便利。根据目前C波段联盟给出的方案，四大运营商将让出200GHz用于移动网络使用，其中包括180GHz的可用频谱，另加20GHz的保护带，用以将卫星和移动信号隔开，但前提条件是移动运营商要承担新建基础设施和把该段频谱现有用户迁至其他频率所需费用。为使方案进一步得到白宫和国会的支持，C波段联盟做出承诺：用于替换的卫星将只购买美国公司建造的。按照目前公布的计划，国际通信卫星公司和欧洲卫星公司将各订购4颗卫星，欧洲通信卫星公司和加拿大电信卫星公司将会以租用或其他方式获得相应容量。此举得到了美国各大卫星制造商的支持，诺·格公司、麦克萨技术公司、波音公司等已开始敦促FCC尽快采纳C波段联盟提出的方案。截至目前，FCC并未给出明确的回应，但涉及星用C波段频谱向更多应用开放的建议规则制定公告（NPRM）已于12月份结束8个月的意见征求期。

（2）卫星遥感市场

1）竞争格局

主流的光学遥感数据市场及雷达数据市场均由传统企业垄断，新兴公司开展的遥感小卫星星座开始成为市场热点。

传统光学遥感数据市场由美国数字地球公司、泰·阿公司、空客防务与航天公司等美欧企业垄断，其中美国数字地球公司占据全球光学遥感市场一半以上的份额。雷达数据市场的服务提供商主要有意大利E-goes公司、加拿大麦迪公司和欧洲空客防务与航天公司。

遥感小卫星星座成为新的市场热点。许多新兴公司开始涉及小卫星业务，目前进展最快的是美国行星公司，已建成一个由100多颗立方星组成的星座，均于2015年发射升空，顶尖公司拟建造由超过100颗气象卫星组成的星座，2015年已发射其中4颗。除美国公司外，两家加拿大公司也正在建造遥感小卫星星座，其中北极星空间数据公司打算建设由40颗低地球轨道卫星构成的“北极星”星座，用于监视地球和空间环境；地球播报公司打算建设一个名为“第三代”光学和雷达成像卫星星座，至少由16颗卫星组成。另外，还有如天鹰座空间公司、美国全景地球公司、道里亚宇航公司和西班牙北方电力德莫斯公司等宣称将建设小卫星遥感星座。由此可能将卫星图像市场带入低成本时代。

2）业务发展方向

卫星市场从单纯强调高分辨率或快速重访为主向两者并重方向发展。一直以来，卫星市场都非常强调图像的高分辨率，数字地球公司作为运营世界最高分辨率卫星星座的运营商，不断拉高市场对分辨率的要求，已促使空客防务与航天公司、以色列成像卫星公司、加拿大地球播报公司、韩国 SI 成像服务公司等纷纷进军甚高分辨率（优于 0.5m）卫星图像市场。而近些年兴起的遥感卫星运营商却走了不同的发展道路，它们更强调所建星座的快速重访能力，以已开展实际业务的行星公司为例，其利用立方星级别的小卫星构成的中等分辨率的星座，具备每天对整个地球进行拍摄的能力。

但这种以单纯高分辨率或快速重访为追求目标的策略，在近年来似乎出现了转折。2017 年美国数字地球公司与劳拉公司签订的“世界军团”遥感卫星星座建造合同，是欲建立集高分辨率、亚米级精度和快速重访于一体的卫星星座，星座分辨率 0.3m，低于 2016 年发射的世界观察 –4 卫星 0.25m 分辨率的技术指标，但快速重访能力却提升了一个台阶，星座建成后将使数字地球公司从日出到日落以每 20~30 分钟一次的频度对地球上变化最快的区域进行拍摄。另一项典型案例是行星公司，此前行星公司只经营分辨率为 3~5m 的“天鸽”星座和分辨率为 6.5m 的“快眼”星座，而 2017 年对特拉贝拉公司的兼并就是其向高分辨率图像市场拓展的重要步骤。通过对特拉贝拉公司的兼并，行星公司获得了具备亚米级图像分辨能力的“天星”星座，两家公司现有的卫星编队每天能采集到约 5000 万平方千米区域的图像，接近于地球陆地面积的 1/3，将使用户首次能逐月浏览和察看全球各地的变化情况。正是由于具备了这样的能力，行星公司在2017年7月才能再次获得美国国家地理空间情报局（NGA）1400万美元卫星图像合同，这是继2016年9月拿到价值2000万美元的一份示范项目合同后的又一次重大突破。

卫星运营商盈利模式面临调整，提供基于数据的解决方案成为一大趋势。政府部门一直在利用卫星遥感数据来开展城镇测绘、大型基础设施项目规划和土地利用变化情况跟踪，而现在，农业、金融、期货等行业也真正开始重视卫星图像的情报价值。例如农业用户正利用卫星数据来对作物进行分类和监测收成，从事商品交易的厂家正利用卫星图像来分析供应链以及特定工厂、港口、矿山和油田的业务活动情况。

面对潮水般涌来的卫星、无人机和其他图像，现在用户越来越要求运营商回答他们最迫切关心的问题，而不是只提供原始图像或数据。单纯以售卖遥感图像为盈利途径的商业模式恐难以为继，更多公司通过兼并、收购图像分析公司或成立自己的数据挖掘研发机构，为原始遥感图像增加更高的附加值。

2017年，行星公司、地球播报公司、黑色天空全球公司、圣何塞赫拉系统公司、卫星逻辑公司等纷纷宣布将通过各种形式开展基于卫星数据的问题解决方案（见表15）。美国天盒成像公司、轨道见解公司、笛卡尔实验室公司、天知公司、大熊座空间系统公司等从资本市场获得了超过2.67亿美元的融资，以支持其开发能把迅速增多的卫星图像转换为数据产品的系统。此外，4月26日，两家从事遥感数据分析的公司美国全景地球公司和鹰景（EagleView）公司完成了合并，通过利用鹰景公司世界水平的图像库和产品基础设施，全景地球公司团队将能加速其先进分析解决方案的开发工作。

表15　2017年宣布开展基于卫星数据的解决方案的公司

序号	公司名称	动向
1	行星公司	完成对特拉贝拉公司收购后，已将工作重点转向发展机器学习能力
2	地球播报公司	把同用户接触作为核心工作，以了解怎样才能利用其技术去解决用户的实际问题，公司已自内而外进行了全面转型，同各行各业形形色色的客户进行了深入对话
3	黑色天空全球公司	主要业务是建设一个人工智能平台，把自有卫星和竞争对手卫星的数据结合起来，以提供全球任何区域的近实时信息，从而确定重点区域，并随着自然灾害和恐怖袭击等事态的发展实时地提供图像
4	圣何赛赫拉系统公司	公司除了发展云数据分析平台之外，还将关注星上直接处理数据的技术
5	卫星逻辑公司	公司利用深度学习等机器学习手段来处理海量信息，设法为各特定行业用户提供最大的价值

（3）卫星导航市场

全球共拥有四大全球卫星导航系统和两个区域卫星导航系统，其中美国GPS、俄罗斯格洛纳斯为全面运用状态，北斗系统已开始提供区域服务，伽利略系统已开始提供初始服务；日本准天顶导航系统和印度区域卫星导航系统是基于GPS的区域卫星导航系统，目前也已正式投入运营（见表16）。未来利用导航卫星的授时与位置服务、利用卫星导航系统星间/星地链路提供通信服务将成为重要的发展方向。

表16　全球卫星导航系统情况（截至2019年6月底）

所属国家或地区	美国	俄罗斯	中国	欧洲	日本	印度
定位、导航和授时系统						
系统名称	GPS	格洛纳斯	北斗	伽利略	准天顶	印度区域卫星导航系统
星座最低运行要求	24	21	35	24	7	7

续表

所属国家或地区	美国	俄罗斯	中国	欧洲	日本	印度
定位、导航和授时系统						
目前在轨数量	31	26	42[①]	26	4	7
定位、导航和授时系统						
覆盖范围	全球	全球	2011 年覆盖中国，2020 年覆盖全球	2016 年具备初始能力，2020 年覆盖全球	日本	印度
运行日期	1995 年	2011 年	2011 年	2016 年	2017 年	2016 年
增强系统						
系统名称	广域增强系统	差分校正和监测系统		欧洲地球同步卫星导航增强服务系统	多功能运输卫星增强系统	GPS 辅助型地球静止轨道增强导航系统
星座最低运行要求	3	3		3	2	3
目前在轨数量	3	2		2	2	2
覆盖范围	北美	近全球		欧洲	亚洲 / 大洋洲	南亚
运行日期	2003 年	2014 年		2009 年	2014 年	2014 年

注：①表中北斗卫星导航系统在轨卫星数量为截至 2019 年 6 月的数据。2020 年 6 月 23 日，我国成功发射北斗卫星导航系统第 55 颗卫星，即北斗三号最后一颗全球组网卫星。2020 年 7 月 31 日，北斗三号全球卫星导航系统正式开通。

卫星导航市场模式特殊，市场潜力巨大，竞争日趋激烈。卫星导航的商业应用模式与卫星通信和卫星遥感完全不同，通信和遥感卫星及地面控制系统都归企业所有，终端设备才是用户的财产，但世界所有的卫星导航系统（包括中国北斗导航卫星系统）商业应用中，空间段和控制段均受军方或政府控制，运营商和用户无需直接付费，作为运营商的军方或政府也不对卫星导航信号的服务质量承担商业责任，与所有的商业卫星导航应用者之间没有契约的关系。但多年以来，在世界主要国家境内和大部分海上、空中，都没有出现能够影响产业发展的信号中断现象，保证了导航、测绘、授时、LBS 相关产业的发展。此商业模式通过对下游的附加产品和服务进行征税的方式，用以维持乃至升级基础设施。

（四）地面设备制造业

1. 产品层面

地面设备包括网络设备〔信关站、控制站、甚小孔径终端（VSAT）〕和消费者设备（卫星电视设备、卫星无线电广播设备、卫星宽带设备、卫星电话和移动卫星终端及独立卫星导航设备）。

在通信卫星设备领域，直播星公司、吉莱特公司、诺达公司等国际主流卫星终端制造商以其产品质量好、品牌效应明显等优势赢得了市场的主要份额。

在卫星导航设备领域，市场参与企业众多，竞争较为激烈。主要参与者有零部件制造商、系统集成商、增值服务提供商三类公司。零部件制造商中具有竞争优势的企业主要有高通、天宝导航、博通、莱尔德、古野电气、罗克韦尔·柯林斯等公司；系统集成商中具有竞争优势的企业主要有丰田、佳明、通用汽车、大众、福特、苹果、三星电子等公司；增值服务提供商中具有竞争优势的企业主要有谷歌、微软、先锋、电装、天宝导航等公司。

2. 市场层面

天线已成为宽带星座业务的薄弱环节，卫星运营商及制造商加紧布局。自 2014 年低轨互联网星座概念兴起以来，市场发展呈现爆发增长的趋势，以一网公司、太空探索公司、低轨星公司、加拿大电信公司为代表的多家公司各自提出建立独立大型互联网星座的计划，但截至目前仍未有一颗业务型卫星在轨，各卫星系统提供初始服务的时间开始推后。这除了卫星本身需要进一步优化、火箭发射节奏需进一步提高外，天线技术不成熟、价格昂贵、难以批量化生产也已成为制约卫星宽带业务的薄弱环节。为此，国际通信卫星公司、欧洲卫星公司、一网公司、卫讯公司均开始投资和推动新型平板天线或有源相控阵天线的研发。目前较先进的天线制造商受卫星运营商及制造商支持情况见表 17。

表 17　部分天线制造商受支持情况

序号	天线制造商	支持公司
1	美国凯米塔公司	国际通信卫星公司、日本天空完美日星公司、一网公司
2	英国 Phasor 公司	低轨星公司、西班牙卫星公司、泰·阿公司、开普勒通信公司、Gogo
3	英国 Isotropic 公司	欧洲卫星公司
4	德国 Alcan 系统公司	欧洲卫星公司
5	卫讯公司	卫讯公司

目前，在平板天线领域处于领跑地位的凯米塔从 2017 年开始交付其首批产品，Phasor 公司 2018 年年底开始交付。但这两家表现最为抢眼的公司目前重点面向商业企业和政府市场，产品售价在 1 万美元左右。主攻消费级市场的 Isotropic 公司和 Alcan 系统公司计划 2019 年开始启动生产，产品售价不超过 1000 美元。

（五）新兴产业

商业航天的逐利本质决定了它会朝向任何有经济价值可挖的领域拓展。在众多新兴产业领域，外空资源开采是最受关注且潜藏价值最为丰富的领域。据统计，数以百万计的小行星正在围绕太阳运行，直径从 1m 到 400km 不等，有人预测，有效开采外空资源，将有可能创造地球上物质和经济最为繁荣的时代，随着技术手段的不断进步，显然这个时代的开端已经到来。在外空资源开采的模式方面，国外已经提出了原位利用、运送至其他区域以及地球使用等多种方式，其中，频率轨位资源就属于典型的原位利用资源，未来月面资源也有可能采用原位利用的方式进行开采，而小行星资源则可能需要在转移后才能予以利用。可以预见的是，一旦有商业公司或者政府机构对于外空资源成功进行开采，势必会推动航天产业甚至整个航天活动进入新的时代。

三、商业航天模式的特点与趋势分析

（一）产业价值链一体化

商业模式是关于企业组织协调价值链上所有参与者来创造价值，实现价值最大化的一个完整的运行系统。主要关注企业在市场中与用户、供应商及其他合作伙伴的关系。当前国外航天企业商业模式呈现最明显的趋势就是产业价值链一体化，价值链上的参与者——用户、供应商，合作伙伴关系愈发紧密。

产业价值链一体化趋势包括横向一体化和纵向一体化。横向一体化是指开展与企业当前业务相关的合作或者相互补充及并购的活动。以卫星制造商为例，横向一体化趋势，涵盖卫星制造商与其他卫星制造商合作、共同开发产品和市场，如空客防务与航天公司与泰·阿公司联合进行“阿尔法”和“新星下一代”平台开发；或者卫星制造商与互补产品厂商如火箭制造商形成的产业联盟，例如波音公司选择太空探索公司作为合作伙伴；此外，还包括企业为扩大业务范围、经济规模而开展的商业并购，例如轨道 ATK 公司与诺·格公司的合并。

纵向一体化又分为前向一体化和后向一体化，前向一体化指企业活动向产业价值链的下游延伸，后向一体化指企业活动向产业价值链的上游延伸。同样以卫星制造商为例，前向一体化体现在卫星制造商与商业运营商的紧密连接，在项目产生之初就开展共同的需求定义，从而掌握卫星产品的稳定分销渠道，例如波音公司组织两家中小型运营商香港亚洲卫星广播公司与墨西哥卫星公司共同购买 4 颗全电推卫星；或者卫星制造商向运营商提供交付集成服务和打包解决方案，以及各项基于卫星的增值服务。例如波音公司针对 Ka 频段卫星运营成立卫星服务部门。后向一体化体现在卫星制造商对分系统、单机、部组件供应商的强化管理，以及邀请供应商“自下而上”参与产品设计等，例如大型卫星平台 NEOSAT 的论证模式。

其中最值得关注的是空客集团的发展历程以及太空探索公司的发展方向。空客集团从 2000 年起，坚定不移地走商业并购之路，通过一系列收购，使产品供应链实现了完全的自主可控、逐步由制造商向同时为运营商转型、提升了核心竞争力、获得商业遥感卫星市场垄断，同时实现了产业价值链横向和纵向一体化，展示了老牌航天企业的成长历程。太空探索公司以运载火箭起家，目前其作为运营商开展低轨卫星星座运营的计划已获得谷歌公司的 9 亿美元投资。此外，太空探索公司还计划在西雅图开设一个卫星制造厂，自行开展卫星研制。若该计划顺利实施，太空探索公司将同时实现企业前向一体化和后向一体化，体现了新兴商业公司大胆灵活的发展模式。

对卫星运营商而言，横向一体化主要表现为与产业内其他运营商的合作，共同运营、资源整合、优势互补、风险共担。前向一体化主要在于与地面电信运营商、目标市场区域的企业提前合作，共同开拓终端客户市场；后向一体化则是与卫星制造商在产品设计阶段的密切合作。

（二）合作方式灵活化

在产业价值链一体化的大背景下，企业间的合作已成为必然趋势，即使是全球一流运营商、制造商，也不是孤军奋战，不懂得借助外力的企业将被市场淘汰。为获取整体优势，国外航天公司商业模式不断创新，合作方式越来越灵活，只要有利于企业利益最大化，企业间就乐于尝试全新的合作模式，将不可能变为可能。

一是合作对象灵活。仍然以卫星制造商为例，合作对象遍及产业价值链各个环节，包括卫星运营商、卫星制造商、火箭制造商、政府、融资机构等。

二是合作手段灵活。合作企业之间可以针对某一特定项目、区域市场开展合作，也可建立长期战略伙伴关系，开展全面合作。具体方式主要包括签署企业间协议、组建合资公司和成立企业战略联盟等。

三是合作目的灵活。例如，通信卫星制造商之间的合作，目的可以是共同开发产品，也可以是共同开发市场。通信卫星制造商与运营商合作，其目的可以是了解前端、开发定制化产品，也可以是为运营商解决终端市场开拓、频率轨位资源、项目融资问题，还可以是与本地运营商合作，共同开拓国际市场。合作双方通过整合资源、优势互补，获取整体优势，实现合作价值。

（三）产品研发开放化

近年来，国外航天公司在产品研发环节采用的创新商业模式，使产品设计、研发过程呈现出开放化趋势。在卫星制造领域，主要体现在产品需求定义开放化、上下游参与度开放化、供应链管理开放化。

产品需求定义开放化：主要指在新产品开发阶段，制造商更倾向于根据市场需求对产品进行设计定义，并具备灵活的调整机制，而非“闭门造车”，根据定义好的产品找市场。20 世纪 90 年代，以企业为中心的产品营销理论逐渐被以顾客为中心的理论替代，当前越来越多的航天公司采用面向顾客的产品开发过程，根据用户需求不断调整产品特性，甚至对整个产品开发流程进行重新定义。低轨互联网星座的开发是一个典型案例，企业若不跳出航天硬件供应商的传统思维模式，将很难在快速发展的新兴业务市场上分一杯羹。另外，多家卫星制造商不惜修改设计以适应猎鹰火箭的案例，也体现出卫星产品定义的开放化优势。

上下游参与度开放化：主要体现在单机部组件供应商、其他制造商、运营商、火箭制造商等产业链上下游企业参与卫星产品开发程度日渐提高，产品开发不再是卫星制造商一家之事。NEOSAT 平台采用“自下而上”的论证方式，从论证之初就邀请众多部组件供应商共同参与，在分系统、部组件级和单机逐级实现质量保证且价格最优，并且最大限度地促进了技术创新。全电推卫星平台 Electra 体现出极高的运营商参与度，欧洲卫星公司作为平台总承制方，组织欧空局及德国 OHB 两家卫星制造商参与研制。

供应链管理开放化：主要体现在越来越多的卫星制造商打破区域性、本土性、大企业限制，采用充分竞争、全球采购、培植小企业的形式选取产品供应商，实现卫星产品的高质低价。德国 OHB 公司运用低成本思路通过竞价模式放弃本土供应商，选择美国推进系统供应商，以更低的报价获得了 14 颗“伽利略”卫星订单。NEOSAT 平台鼓励创新型中小企业广泛参与，避免一家或两家供应商垄断市场。

（四）增值服务专业化

为了提升企业竞争力，获取市场份额，国外航天公司为客户提供越来越专业化的增值服务，形成对用户群体的有效吸引力。增值服务专业化也是企业活动向产业链下游延伸的一个体现。

仍以卫星制造商为例，在提供高质量低价格的卫星产品基础上，向用户提供基于卫星的增值服务、解决客户面临的问题越来越成为卫星制造商重要的商业竞争力。国外卫星制造商已经意识到增值服务的重要性，许多大型卫星制造商在价值链上都有纵向结合的下游，甚至专设卫星服务部门，具备向用户提供交付集成服务和打包解决方案的能力，体现出专业化趋势。

卖方协助融资是较为传统的增值服务模式，随着市场发展也出现了多种新的形式。比较常见的融资方式是依托出口信贷机构，申请出口买方信贷、混合信贷以及配套的信贷保险。复杂一些的如成立融资租赁公司开展针对用户的融资租赁，实现用“融物”代替“融资”，从而在资金的使用上更加灵活。目前，美欧等国家或地区的卫星制造商均与出口信贷机构建立了长期合作关系，一些制造商还具备提供融资租赁的能力。

频率轨位增值服务。在空间频率资源日益稀缺的现状下，呈现出更加重大的意义。主要合作模式包括频率轨位资源打包卫星出售、频率轨位资源换转发器、频率轨位资源作价入股、提供频率轨位技术支持和咨询服务等。核心是解决客户缺乏实用频率轨位的问题，坚定客户采购卫星的决心。

四、我国商业航天产业进展

（一）商业卫星已形成竞争格局

目前，商业卫星的应用已经相当广阔。2020年，我国研制发射86个航天器，覆盖通信、遥感、技术验证等多个领域，其中商业卫星占国内年度航天器发射总数的43%。在低轨卫星星座建设领域，商业卫星企业进展较快，商业航天卫星企业在技术应用、商业模式、降本增效等方面积极探索，已形成竞争格局。如截至2022年上半年，吉林一号商业遥感卫星星座完成54颗星在轨组网，珠海一号商业遥感微纳卫星星座完成34颗星在轨组网，天启卫星物联网星座开启第二阶段组网建设，共有15颗星在轨组网。

（二）商业发射处于上升势头

从2020年我国航天发射次数来看，共发射39次，其中商业发射19次，占国内年度发射总次数的49%。朱雀系列、双曲线系列、谷神星系列等民营企业商业火箭研制进展加速。2021年12月，谷神星一号遥二火箭成功将搭载的5颗卫星发射入轨。力箭一号运载火箭作为国内起飞量级最大的固体运载火箭，于2022年7月27日在酒泉卫星发射中心成功发射。

（三）卫星应用实现经济规模

目前，我国在轨各类卫星数量超过500颗，卫星导航与定位服务行业经济效益显著，基本实现规模化、产业化和市场化。其中商业卫星约占在轨卫星总数的四分之一。商业航天企业加快进入卫星应用，跨行业跨界融合将激发新活力。如北斗三号开通全球服务，北斗导航型芯片、模块、高精度板卡和天线已输出到100余个国家和地区，航天技术与服务深度融合，将融入经济社会发展，为支撑平安中国、健康中国、美丽中国、数字中国建设等发挥重要作用。

（四）商业航天企业多方布局

国内商业航天企业数量不断增多，据2021年统计，已注册商业航天企业数量超过300家，且商业航天产业链各环节均有企业分布，国内绝大部分省份都有商业航天企业落户。如北京、西安、武汉、海南等地不断出台商业航天产业发展支持政策，北京商业航天产业基地、海阳东方航天港、象山国际卫星商业发射中心、武汉火箭产业园等商业航天园区发展步伐较快，商业航天企业融资额再创新高。2020年，商业航天企业融资额近100亿元，与2019年相比增长76%，近两年仍在持续增长，年度内大额融资交易和一企多轮融资频现。

第三章
国外商业航天管理及政策法规研究

商业航天的发展离不开政府的扶持与鼓励，更离不开政策法规的引导与规范，在长期的发展过程中，美欧等商业航天发达国家和地区形成了一系列的商业航天先进管理制度与经验，对于我国商业航天的全局发展以及商业航天企业发展具有重要借鉴意义。

一、美国商业航天管理及政策法规研究

（一）美国商业航天管理体制机制

美国的商业航天活动主要是私营公司根据相关法律法规，按照市场运行规律以及相关的国际协定开展的商业活动，政府主要通过政策指导、审批和发放生产许可证、航天发射许可证、出口许可证等方式进行管理。商业航天活动的主要领域包括商业通信卫星、商业遥感卫星的研制与应用服务，商业航天发射服务，相关地面设备研制生产等。美国相关管理部门及主要职能见表18。

表18　美国主要的商业航天管理主体及职能

管理主体	主要部门	主要职能
联邦航空管理局	商业航天运输办公室	商业发射活动、发射场的授权
商务部	商业遥感监管事务办公室、航天商务办公室	授权、许可私营遥感卫星系统的建立、使用商业航天需求发布，数据购买
联邦通信委员会		商业通信
国务院	美国贸易代表办公室	卫星及航天关键技术与产品的进出口管理

续表

管理主体	主要部门	主要职能
NASA	商业载人与货运计划办公室	负责管理 NASA 的近地轨道商业载人计划和商业货运计划
	技术与商业委员会	航天技术转让和商业化航天商业运输有关资助计划

美国商业航天主要的政府管理机构包括运输部下属的联邦航空管理局（以下简称 FAA）、商务部、国务院等。此外，NASA 作为美国商业航天的最大用户部门，在助推航天技术成果转化和商业化方面起到了重要支撑作用。在政府管理体制中，FAA 负责管理和审批航天运载器的发射活动；商务部负责空间系统的商业转化应用管理，并负责审查和批准商业遥感卫星的运行许可证；国务院负责卫星整星级相关技术与航天关键产品的出口许可证发放，并有权制裁违规企业。国会有权通过听证会等各种调查方式监督商业航天活动。

1. 美国联邦航空管理局商业航天管理机构

FAA 是美国运输部下属负责商用和民用航空管理的机构。FAA 除了管理民航事业，制定民用航空的政策、规划和颁布规章制度、处理国际民用航空事务、领导本系统各地区和地方机构的工作外，还兼顾商业航天发射活动、发射场的授权。其负责商业航天管理的部门是商业航天运输办公室，主要职能是负责商业发射和再入活动以及相关航天港的许可证审批。商业航天运输办公室成立于 1984 年，原是交通运输部部长办公室的组成部分，1995 年 11 月，该办公室被转移至 FAA 管理。商业航天运输办公室主要负责管理美国商业航天发射许可证的审批，监管商业航天发射相关事务，确保美国商业航天运输行业保持健康增长。商业航天运输办公室的主要职能包括：

规范美国商业航天运输行业，以确保其遵守国际义务和保护公众健康以及财产安全，并符合美国的国家安全和外交政策利益；

鼓励、促进和推动私营部门参与商业航天发射与返回；

对联邦法规、条约、规章、政策、计划和程序的调整提出适宜的意见和建议；

促进和加强美国航天运输基础设施的发展。

FAA 的商业航天运输业务实际上由该局副局长乔治·尼尔德直接管理，其管理机构名为商业航天运输办公室，实质上即是乔治·尼尔德的副局长办公室。

在该办公室下，设立了五个职能部门：航天运输发展部、法规与分析部、安全检查部、业务集成部和许可与评估部，共同履行对商业航天的监管职责。商业航天运输办公室负责监管美国的轨道运载火箭和亚轨道运载器的发射（见图 3）。

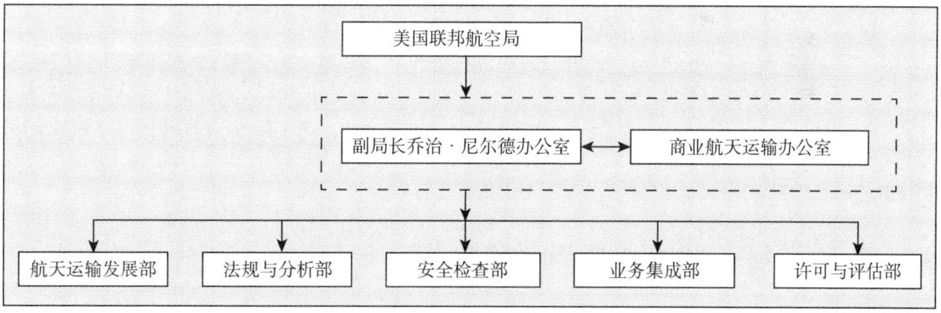

图 3 FAA 商业航天运输办公室组织架构

商业航天运输办公室的业务领域涉及商业发射和再入飞行器许可证审批、发射场运营许可证审批、可重复使用的亚轨道火箭的实验许可证审批以及 FAA 安全审批（见表 19）。商业航天运输办公室定期对外公布审批结果和发射数据，并向私营部门公开商业航天运输官方研究报告，包括《年度商业航天运输纲要》《商业航天运输预测》《商业航天运输对美国经济的影响》等。协助拟定商业航天运输政策并负责发布。1989—2016 年，商业航天运输办公室已完成的许可证授权项达到 245 项。

表 19　商业航天运输办公室具体职能

业务领域	审批内容
商业发射和再入飞行器许可证审批	特征鉴别：可重复使用、不可重复使用；运营许可
发射场运营许可证审批	预申请咨询、政策审查和批准、安全审查和批准、环境评估、合规检测
可重复使用的亚轨道火箭的实验许可证审批	实验许可
安全审批	商业发射业务

近年来，随着商业发射活动的增加，FAA 和工业界均表示：商业航天运输办公室需配备更多的资源，以应对日益增长的许可证和安全检查需求。FAA 在预算申请中指出，2006—2014 年，用于衡量商业航天运输办公室新批发射许可证和批件数量的“授权指数”增加了 550%，安全检查次数增加了 825%，而该办公室人员数量同期只增加了 42%，新增的经费将主要用于雇用人员。

2. 美国商务部商业航天管理机构

美国商务部负责商业航天领域管理的部门主要是 NOAA 的国家环境卫星数据信息服务中心（NESDIS）下属的航天商务办公室和商业遥感监管事务办公室（见图 4）。其中，航天商务办公室主要负责促成商业航天公司与政府部门的合作，开展商业卫星数据的购买等工作，商业遥感监管事务办公室主要负责商业遥感卫星许可证审批等业务。NOAA 在 2016 财年预算中提高了用于航天商务办公室和商业遥感监管事务办公室的预算经费申请额度。航天商务办公室2016财年经费为60万美元，而2017财年申请额达3倍多，达到200万美元。商业遥感监管事务办公室的申请额略高于200万美元，而其2016财年拨款额是100万美元。NOAA预算文件指出，商业遥感监管事务办公室经费的增加将使之能针对其许可的商业遥感系统履行更多的合规监管职责。该办公室处理的许可证申请数量过去几年有大幅增加，一个主要原因是一些小遥感卫星星座项目的出现。航天商务办公室新增的经费将支持NOAA新的商业航天政策的执行。这项政策使该办公室成为有意向NOAA出售卫星数据的各公司同NOAA打交道的“单点入口”。

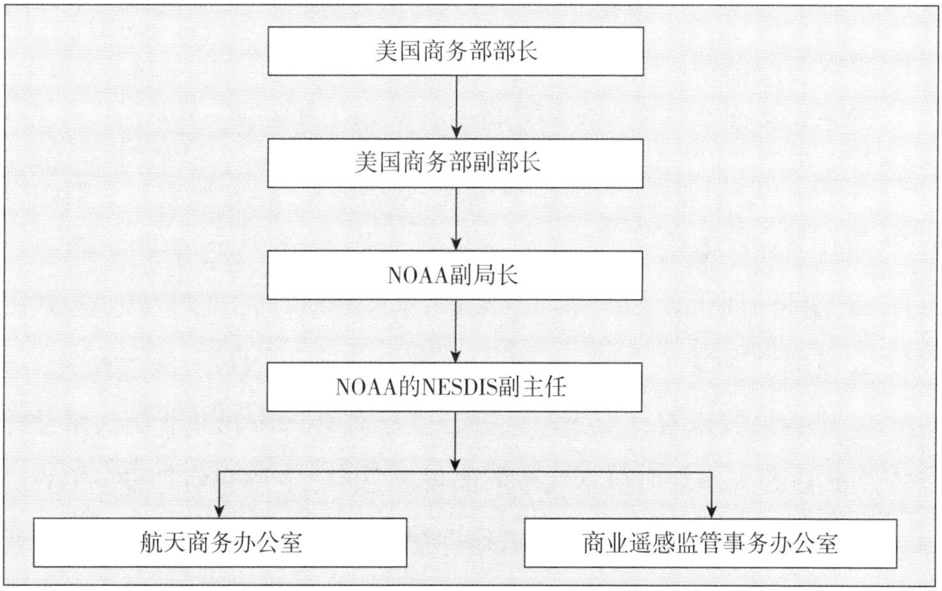

图4 航天商务办公室和商业遥感监管事务办公室管理架构

航天商务办公室。航天商务办公室是美国商务部发展商业航天事业的重要协调部门，其使命和任务是负责商业航天政策和活动以促进美国商业航天产业经济增长和技术进步，实现保证美国在商业航天事业方面的世界领先地位。其主要职能包括：

协调 NOAA 和商务部政策决议和行动；

负责商务部商业航天政策的制定以及在对外谈判中促进商业航天发展；

努力促成航天商业公司与美国政府的生意往来，并作为行业引导行政机构，确保在符合国家安全的前提下，最大限度地满足政府航天相关需求，包括可市场化的航天产品和服务；

努力确保美国政府除非有国家安全或公共安全之需，不得开展妨碍或不利于美国商业航天活动或与之产生竞争的美国政府航天活动；

促进和协调私营部门参与美国政府空间系统和基础设施的设计和开发工作，并鼓励美国政府机构最大程度地面向私营机构开放空间活动以及技术和基础设施的使用权；

找出影响商业航天发展的法律、政策和体制障碍；

搜集、分析和传播航天市场信息，开展讲习班和研讨会，提高私营机构在商业航天产业领域的投资意识并提供和促成相应的机会；

落实部门职责，为国家天基定位、导航和授时执行委员会及其协调办公室提供支撑。

从机构设置来看，航天商务办公室起到对内协调商业航天事务的作用，其协调合作部门包括商务部部长办公室、卫星和信息服务中心、商业遥感监管事务办公室、国家地理测量局、国际贸易管理局、工业和安全局、国家电信和信息管理局以及国家标准技术研究所等（见表 20）。

表 20　航天商务办公室合作伙伴及其相应职责

协调部门	协调事项
卫星和信息服务中心	气象卫星系统和数据

续表

协调部门	协调事项
商业遥感监管事务办公室	美国商业遥感卫星业务许可
国家地理测量局	维护国家的空间参照系统和连续运行参考站的一个 GPS 监测网
国际贸易管理局	协助美国公司出口航空产品
工业和安全局	两用设备出口许可证，如 GPS 接收器
国家电信和信息管理局	卫星无线电频谱使用
国家标准技术研究所	美国用于校准卫星的标准

航天商务办公室通过协调合作部门的商业航天领域业务，采集各部门的商业航天领域政策和需求变动信息，并在问题与活动项中对外发布信息，实现政府部门与私营公司的窗口对接。其信息发布项目类型包括 NOAA 的商业航天应用解决方案、卫星导航系统（GPS）、商业遥感、出口管制、航天工业基础、政府政策反馈，以及相关信息的征集与讨论等。其中，尤以发布 NOAA 天基环境观测数据购买信息、促成商业航天应用可行性方案为重中之重，包括 NOAA 卫星和信息服务中心评估程序、NOAA 商业气象数据试点项目（CWDP)、NOAA 卫星需求和数据规范、NOAA 商业航天应用可行性方案开展情况等（见表 21）。

表 21　NOAA 的商业航天应用解决方案

发布事项	发布内容
NOAA 商业气象数据试点项目	通过竞争程序寻找保证至少一个试点合同，建模和预测其商业气象数据潜在可行性；开放资金用于购买、评估和校准可用数据，使其符合 NOAA 商业数据政策的标准和规范
NOAA 卫星需求和数据规范	发布 NOAA 数据购买需求信息和报价
NOAA 商业航天应用可行性方案开展情况	发布 NOAA 商业数据购买等活动新闻

商业遥感监管事务办公室。根据《美国法典》第51编“国家空间商业活动项目”，私营天基遥感系统许可证审批由商务部部长委托NOAA卫星和信息服务中心副主任管理。美国商业遥感监管事务办公室主要负责商业遥感卫星许可证审批、合规和监控，以及商业遥感咨询委员会运营。

许可证审批，包括申请者提供公司信息、发射段信息、空间段信息、地面段信息等，并进入审计程序。商业遥感业务许可证审批程序见图5。

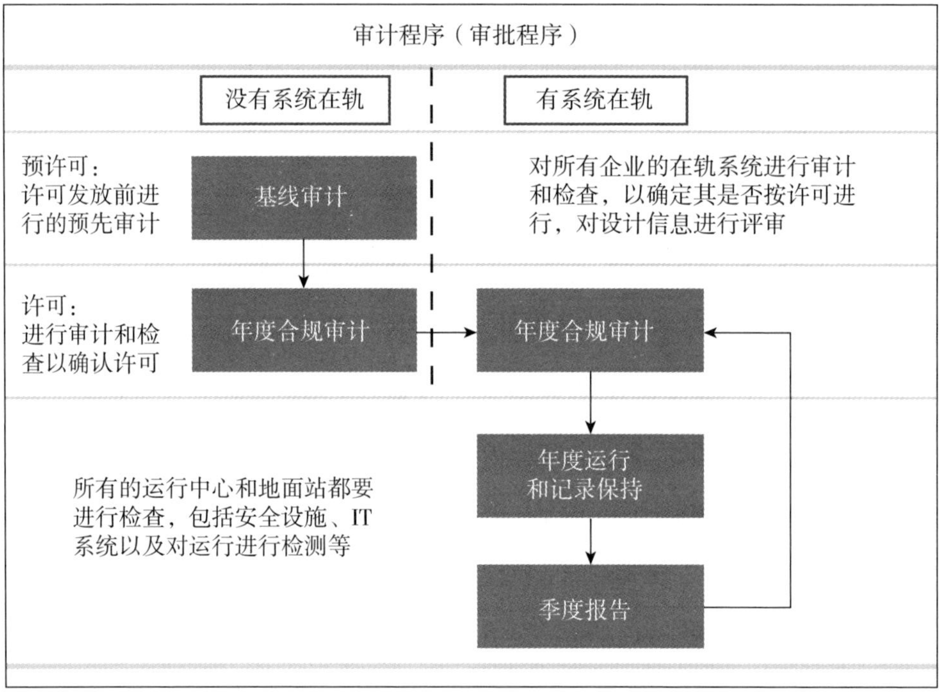

图5　商业遥感业务许可证审批程序

合规和监控。美国商业遥感合规和监控的使命是在保证美国国家安全利益、外交政策和承担的国际义务的前提下，推动美国商业遥感产业发展和促进地球遥感数据的收集和广泛应用。美国商业遥感监管事务办公室会定期开展现场审核，收集和检查季度报告、财务报告，审核计划和项目是否符合数据采集限制、执行限制和数据保护计划，审查许可协议是否影响国家安全、外交政策和美国的国际义务，并在必要时启动相应的执法行动以确保运营者遵守法律、法规和符合私人遥感系统许可证有关条款。

商业遥感咨询委员会。美国商业遥感咨询委员会成立于2002年，其职能是为商务部副部长就海洋和大气相关信息提供美国卫星商业遥感事项和NOAA的活动开展情况，以及相关咨询和建议。商业遥感咨询委员会评估商业遥感相关的经济、技术和制度发展情况，并向商务部副部长提供有关联邦政策和计划的新思路和新方法，发挥着讨论产业活动和政府政策、计划、管控要求间关系的论坛的作用。

3. NASA商业航天管理机构

NASA是美国联邦政府的行政性科研机构，主要职责是制定、实施美国的民用太空计划与开展航空科学暨太空科学的研究，但近几年随着商业航天的飞速发展，NASA也不断深化与商业航天活动的联系，主要通过实施商业载人与货运计划和开展技术商业转让，其管理机构是商业载人与货运计划办公室和技术与商业委员会。

商业载人与货运计划办公室。商业载人与货运计划办公室是NASA为推行其近地轨道商业货运计划和商业载人计划而专门成立的管理机构。该办公室的目标是：

通过投资鼓励商业航天企业参与到美国的空间探索计划中来；

鼓励私营公司验证向近地轨道安全、可靠运送货物和乘员的能力；

创造一种市场环境，使商业航天运输服务为政府和私营公司所用。

2014年12月，NASA与太空探索公司、轨道ATK公司、终极前沿设计公司、联合发射联盟公司4家美国公司签署了《商业太空能力合作协议》。正是在这些资助计划下，新兴航天企业得以不断发展。最终，太空探索公司和轨道ATK公司获得了NASA商业货运计划合同，而太空探索公司与波音公司一起获得了NASA商业载人计划合同。

技术与商业委员会。为了更好地推进技术转化和商业化应用，NASA咨询委员会下成立了技术与商业委员会。该委员会在技术与商业化领域向NASA提供政策、计划及其他有关方面的咨询。具体领域包括空间探索、航天技术、商业化开发政策、两用技术的目标和计划、民用航天计划和商业化的技术投资战略、集成技术、先进概念、技术商业化，与工业界、学术界和其他政府部门的技术合作、将技术活动与小企业计划相结合等。与此同时，NASA十个研究中心的技术转让和商业化办公室在技术转让和商业化中扮演着非常重要的角色，中心的技术转让和商业化办公室设有一名主任，主持和协调办公室的工作，其余人员主要来自市场专家、商业化官员和专利律师三方面。中心的主要使命是将技术和产品从政府转到私营部门。转让的方法可以通过直接的技术许可方式，也可以通过合作的方式。例如，根据约翰逊航天中心合作条款规定，合同承包者必须报告在合作活动中开发的技术，包括想法、样机和产品等。中心的技术专家将对这些技术进行评估，并根据它们的商业化潜力来进行分类。

对于那些前景非常看好的技术，中心将申报专利，并在一个合理的专利使用费比例下许可这些技术外部应用。对于那些具有商业化前景、但还需要继续开发的技术，为了避免使公司承担太大的风险，中心一般与公司采取合作研究与开发的方式，共同承担费用，共享成果。通过协议来规范双方的利益和义务。

（二）美国商业航天相关政策与法律法规

1. 美国商业航天相关政策与法律法规简要回顾

冷战伊始，美国就旨在以军事航天战略带动美国经济发展和科技进步，这个时期航天商业化初现端倪。肯尼迪总统积极推进美国在通信卫星和环境监测卫星领域的发展，于 1962 年签署了《通信卫星法》，该法案提出美国需要积极同其他各国合作,基于人类共同的通信需求，尽快建立商业通信网，这部法案的颁布，不但标志着美国第一部航天专项法案的诞生，也为卫星通信系统的商业化应用奠定了基础。

从冷战结束到 21 世纪开始前这个阶段，伴随着冷战渐近尾声，美国航天商业化进程逐步展开，航天相关政策法规也大量出现，主要标志是美国国家航天活动两大格局的形成。首先，是以航天相关法律以及国家航天政策为依据的航天活动调整格局形成；其次，则是美国民用、军用、商业航天活动管理格局形成。1984 年，里根总统签署了《陆地遥感商业法》，规定了陆地卫星系统由政府和私人同时运作，政府适当减少对遥感系统的投资，以加快遥感系统的商业化转变；同年，里根总统还签署了《商业航天发射法》，建立了运输部商业发射许可制度，旨在鼓励私营部门参与空间发射活动以及航天发射基础设施的建设。这两部法律的颁布标志着美国的空间活动开始步入商业化进程。1988 年，里根总统颁布了任期之内的第二个航天政策——《国家航天政策（1988）》，该政策首次将美国的航天活动划分为军用、民用（国家安全）和商用三个独立部分，初步确立了商业航天为美国航天三大基本框架之一。1990 年，为了降低发射成本、提高运载火箭的可靠性，布什总统又发布了名为《商业航天发射政策》总统指令，该指令规定美国政府必须使用美国制造的运载火箭，各部、局必须积极考虑使用商业发射服务，同时基于运载火箭的军事效用，对于向苏联提供的发射服务做了限制。1992 年，布什总统签署《陆地遥感政策法》，该法案是对 1984 年《陆地遥感商业法》的继承发展，此法案允许商业企业拥有并运营商业遥感卫星系统，极大地促进了美国遥感卫星的商业化。克林顿上台之后，美国进入冷战后的复苏期，政府在削减国防部以及 NASA 经费的同时，也试图开发航天产业新的商业价值。1996 年，为了启动全球定位系统的商业化应用，克林顿总统发布了《美国全球定位系统政策》，该政策规定国防部继续负责全球定位系统的运行工作并保留对于系统核心功能的控制，运输部以及国务院则负责全球定位系统政府化、私人化、国际化应用方面的促进工作，该政策的发布标志着在遥感数据应用、航天发射服务之后，全球定位系统也步入了商业化进程。1998 年，国会通过了《商业航天法》，这是一项具有开创性的立法举措，对商业航天活动的诸多方面进行了全面、适当的规定，为之后美国商业航天活动的实施提供了丰富的法律依据，极大地促进了商业航天产业的发展。

进入 21 世纪后，美国的航天政策主要体现为确保民用、商业航天的良好发展势头，实现民用、军用、商业航天三个分支领域的共同、协调发展。基于此，美国商业航天进入高速发展期。2003 年，小布什批准了《商业遥感政策》，强调政府甚至军方需要更多地借助、依靠私人企业加强遥感系统，私营的遥感系统被纳入政府的整体遥感体系之中。奥巴马相继颁布了《国家航天政策（2010）》和《国家安全航天战略（2011）》，其中指出政府需要加强与商业部门的战略合作，建设更多样化、更强大和更分散的空间系统，推进空间系统军、民、商一体化的建设。2013 年，为了进一步应对国际发射市场竞争日益激烈、发射需求减少、国内商业运输市场萎缩的状况，奥巴马政府发布了新的《国家航天运输政策》，要求增强商业发射企业的竞争力，并允许国外制造的火箭在美国境内发射。特朗普上台后，进一步统筹国家航天发展，2018 年 3 月 23 日，发布美国历史上首个《国家航天战略》，提出要加强军、民、商三个领域的合作，尤其是在商业航天领域，持续简化监管框架、政策和流程，从而更好地利用和支持航天工业界，并确保美国企业在航天技术领域的世界领导地位。2018 年 5 月 24 日，特朗普签署国家 2 号航天政策指令，即《简化对于太空商业化利用的管控》，该指令以 2018 年 2 月召开的国家航天委员会第二次全体会议提出的建议为基础，推动商业航天管控体系改革，简化商业发射和遥感监管，在商务部创建商业航天监管的“一站式服务”，并对频谱和出口管制政策进行评估。

2. 美国商业航天相关政策法规现状

美国是世界上最早开展航天商业化利用的国家，也是商业航天政策法规最为完善的国家。美国的商业航天活动主要是私营公司根据相关法律法规，按照市场运行规律以及相关的国际协定开展商业活动。为保障国家国防安全和经济利益，规范和促进外空的商业化利用，引导商业航天健康可持续发展，美国政府制定了规范商业航天发展的系统性法律文件《商业航天法》，以及方针指导性文件《国家航天政策》《商业航天政策》，同时还出台了几乎涵盖所有商业化应用领域的政策法规，并随着商业航天的深入发展，进行持续的动态调整与完善（见表 22）。

表 22　美国颁布的部分商业航天法规和航天政策

序号	名称	颁布时间	基本内容
1	《国家航天政策》	1988 年	首次将国家航天活动分为民用航天活动、国家安全航天活动以及商业航天活动三类，为之后美国航天活动的进行提供了科学、实用的框架
2	《国家航天政策》	1989 年	成立国家航天委员会，负责政策的调整、评估以及与苏联的合作，扩大了政府鼓励商业航天活动的范围，新增了产品技术管控、知识产权保护、公益应用等方面的内容
3	《国家航天政策》	1996 年	重申了美国政府对于商业化空间活动发展的应尽职责
4	《商业航天法》	1998 年	以促进空间商业化为宗旨，对相关术语进行了明确界定，详细阐述了国会在商业领域发展外层空间事业的意愿，对空间站、卫星定位、遥感、商业航天发射等内容作了具体规定
5	《国家航天政策》	2010 年	明确了美国航天活动新的原则、目标和方针，在内容上一方面强调国际合作，放弃单边政策；另一方面致力于航天活动的商业化发展
6	《商业航天政策》	2016 年	指定航天商务办公室作为一个单一入口，为商业供应商精简流程，使其更容易参与；建立一个开放和透明的市场；明确了指导原则、实施注意事项以及潜在商业数据购买的战略规划；建立示范项目用于测试和评估潜在的新数据源，并提供一个商业数据购买操作途径
7	《国家航天战略》	2018 年	秉承“美国优先”，对于其军事航天发展方略进行了阐述，指出美国将通过实力维护外层空间的安全与和平，在调整军事航天发展方针的同时，还提出要加强军、民、商三个领域的合作
8	《简化对于太空商业化利用的管控》	2018 年	确保政策监管对于经济增长的有力促进，尽量减少管控体系对于纳税人、投资者和私营公司带来的不确定性，保护国家安全、公共安全和外交政策利益，确保美国在商业航天领域的领导地位

自 1988 年美国的《国家航天政策》首次将国家航天活动分为民用航天活动、国家安全航天活动以及商业航天活动三类，商业航天活动被美国官方承认后，美国陆续出台了多部《国家航天政策》，进一步提出了商业航天有关方针，明确了政府在商业航天中的职责和功能定位。尤其是奥巴马政府颁布的《商业航天政策》对商业航天领域予以高度重视，首次明确给出了商业航天的定义，即“私营公司在承担适度的投资风险和责任的前提下，提供航天产品和服务的活动。商业航天活动与基于市场动机的活动都以控制成本、优化投资回报率为目标，均具有为现有或潜在非政府用户提供产品和服务的法定资格。”政策还提出了政府引导、公私合作。推进航天商业利用与开展的一系列新举措，提出为私营资本参与政府航天活动开辟通道，强调政府应最大限度地使用商业机构的太空能力、产品和服务，避免与商业机构展开竞争，通过商业机构的参与和竞争，实现资源优化配置，降低政府航天投资成本；提出激励私营公司技术创新和发展的相关措施，打造“充满活力与竞争力的航天产业”。

2010 年 12 月 18 日，公法 111–134 法案通过，也就是《美国法典》第 51 编（以下简称第 51 编）颁布，标志着美国航天法规在《美国法典》中获得了独立的地位。第 51 编的出现，对于促进美国航天立法和商业航天活动的发展具有极其重要的意义。第 51 编名为“国家空间商业活动项目”，涵盖了之前散见在美国法典第 15 编（商业贸易）、第 35 编（专利）、第 42 编（公共健康和福利）、第 49 编（运输）中所有与 NASA 管理职责相关的条文。同时，第 51 编完全吸收了 1958 年《国家航空航天法》、1992 年《陆地遥感政策法》和 1998 年《商业航天法》等的内容。《美国法典》第 51 编共包括 7 个子编，其结构框架见表 23。

表 23 《美国法典》第 51 编即“国家空间商业活动项目”结构框架

子编名称	章节目录	章节说明
1. 概述	101 章 定义	内容只包括“管理部门”“管理者”两个定义
2. 项目和政策的一般规定	201 章 国家航空航天项目	对《国家航空航天法》的重述
	203 章 责任和目标	对 2005 财年《NASA 授权法》2008 财年《美国竞争法》《NASA 授权法》中部分条款的重述
3. 管理规定	301 章 拨款、预算和会计	对分散在法典不同编中的相关管理章节或 NASA 授权法中有关国家商业空间项目管理规定的归纳与适当修改
	303 章 合同和采购	
	305 章 管理和审查	
	307 章 国际合作和竞争	
	309 章 奖励	
	311 章 安全	
	313 章 卫生保健	
	315 章 其他	
4. 航空航天研究和教育	401 章 航空学	前 4 章是对各 NASA 授权法的重述，及与研究和教育相关的其他规定
	403 章 国家航天授权的大学和合作项目	
	405 章 外空生物医学研究	
	407 章 环保的航天器	
	409 章 其他	
5. 开拓商业机会的项目	501 章 空间商业	对 1998 年《商业空间法》的重述
	503 章 重复使用的商业航天运输系统	对 2002 年《空间商业运输法》的重述
	505 章 空间商业竞争	对 1993 财年《NASA 授权法》的重述
	507 章 空间商业化办公室	对 1998 年《技术管理法》第 8 节和 1991 财年《NASA 授权法》中关于空间商业办公室活动年度报告的规定的重述
	509 章 空间商业发射活动	转移自《美国法典》第 49 编对应章节
	511 章 空间运输基础设施许可	
6. 地球观测	601 章 陆地遥感政策	对《陆地遥感政策法》的重述
	603 章 遥感	对 2005 财年《NASA 授权法》第 3 编有关规定的重述

续表

子编名称	章节目录	章节说明
6. 地球观测	605 章 地球科学	对 2008 财年《NASA 授权法》第 2 编和第 6 编部分规定和 2005 财年《NASA 授权法》第 3 编部分规定的重述
7. 进入太空	701 章 航天飞机或其他工具的利用	对 1983 财年《NASA 授权法》和 1991 财年《NASA 授权法》中若干规定的重述
	703 章 商业和国外用户利用航天飞机的价格政策	对 1986 财年《NASA 授权法》第 2 编的重述
	705 章 主动探索	对 2005 财年《NASA 授权法》第 5 编和 2008 财年《NASA 授权法》第 4、5 编中若干规定的重述
	707 章 人类空间飞行独立调查委员会	对 2005 财年《NASA 授权法》有关该机构规定的重述
	709 章 国际空间站	对 2005 财年《NASA 授权法》第 123 节、第 2 编和第 5 编部分条款和 2008 财年《NASA 授权法》第 6 编部分内容的重述
	711 章 近地目标	对 2008 财年《NASA 授权法》第 8 编部分章节的整合和重述
	713 章 空间活动的国家间安全合作	对 2008 财年《NASA 授权法》第 4 编和第 11 编两个条款的整合和重述

此外，美众议院议员于 2016 年 4 月在第 32 届航天论坛上提出《美国航天复兴法》议案，该议案涉及军事、民用和商业航天活动等广泛内容，旨在通过更新航天政策、整合航天资源，确保美国在航天领域的长期领先地位。在商业航天领域，该法案提出调整 FAA 管理体制；大幅增加 FAA 和 NOAA 等商业航天管理部门的拨款；要求 NOAA 尽快制定规则以利用商业天基系统处理气象数据，NASA 研究如何在地球科学任务中利用商业能力；建立太空态势咨议会，提供相关咨询建议；确定“太空交通管理”机构、制定管理规则等。

2016 年 1 月 8 日，NOAA 发布了《商业航天政策》，该政策是在美国商务部授权下发布的。新政策遵循 2010 年版美国《国家航天政策》、2013 年版美国《国家航天运输政策》中鼓励发展商业航天能力的原则，对适用与不适用范围进行了明确规定。适用范围包括在数据购买、寄宿有效载荷、搭载服务及发射服务中与商业部门合作等；不适用范围包括政府拥有的航天器的设计、制造或运行、对私营遥感卫星系统的审批，以及数据传输服务等。

《商业航天政策》遵循的指导原则包括保持服务质量即通过所需的具有预测与服务价值的数据、数据的成本效益以及 NOAA 有效开发数据的能力，来保持 NOAA 的高服务标准；优化任务需求即通过有效且高效地组合政府资产、商业服务、国内与国际合作关系，以高质量标准、具有成本效益的方式及时满足任务需求；确保使用全球观测数据即保持 NOAA 收集或获取全球观测数据的能力，使其满足精确预测、预警和其他服务需求，帮助保护生命和财产安全，支持美国经济发展；遵守国内 / 国际标准即遵守美国数据共享法律、政策和国际惯例，全面、开放和及时地共享气象与水文气象数据；确保科研企业充满活力即保持科研机构（如学术界和非赢利机构）能全面、开放和及时使用数据，提高对环境的理解和预报水平；寻求新的合作伙伴即依照 NOAA 政策的“环境信息条款”中“合作关系政策”提出的指导方针，寻求新的合作伙伴，并适时建立合作关系，以降低成本、促进国际合作以及扩大环境数据的可用性。

《商业航天政策》中提出的商业航天活动指导政策包括整合即寻求机会整合商业航天系统或服务，适时整合到已批准的未来空间段的体系架构和能力中；验证即探索并适时开展演示验证项目，验证在 NOAA 气象模型上使用商业环境数据和数据产品，并预测增加有价值的数据的可行性；发布需求即定期评估、鉴定和发布 NOAA 任务需求与能力缺口，为购买和使用商业航天能力与服务提供适当的机会；评估即定期征询、鉴定和评估能满足 NOAA 任务需求的可用的商业航天能力与服务；审核即对于通过其他方式获得的商业数据和数据产品，在达成任何具有约束性的采购和使用观测数据协议支持 NOAA 任务之前，应采用同样的验证方法、数据完整性标准与安全标准对其进行审核；合作即继续保持与产业界的合作，评估和运行商业模型与法律机制，利用商业能力满足 NOAA 优先事项与需求。

美国于 2018 年 3 月发布的《国家航天战略》在调整军事航天发展方针的同时，还提出要加强军、民、商三个领域的合作，尤其是在商业航天领域，持续简化监管框架、政策和流程，从而更好地利用和支持航天工业界，并确保美国企业在航天技术领域的世界领导地位。将监管改革作为美国航天发展的优先事项，表明了美国对于航天管理体制进行优化调整的决心。

2018 年 5 月 24 日，特朗普签署国家 2 号航天政策指令，即《简化对于太空商业化利用的管控》，该指令以 2018 年 2 月召开的国家航天委员会第二次全体会议提出的建议为基础，推动商业航天管控体系改革，简化商业发射和遥感监管，在商务部创建商业航天监管的“一站式服务”，并对频谱和出口管制政策进行评估。该政策的总体目标是确保政策监管对于经济增长的有力促进，尽量减少管控体系对于纳税人、投资者和私营公司带来的不确定性，保护国家安全、公共安全和外交政策利益，确保美国在商业航天领域的领导地位。基于改革要求，在职责划分上，运输部部长将对商业航天发射和再入许可制定进行审查，并发布新的监管制度，确保各类商业发射和再入活动可使用单一许可，有效减少许可种类，并加快用性能标准审查取代指定性的事务审查；商务部部长需对当前的遥感监管条例进行审查，修订不符合事宜的规定，鼓励扩大商业遥感活动的立法建议，按照一站式服务要求，整合商务部内的商业航天监管职能；商务部、白宫科技政策办公室以及联邦通信委员会开展合作，就如何通过政策加强无线电频谱的监管，提高美国航天全球竞争力，向总统提交相应报告；国家航天委员会秘书长需审查影响商业航天活动的出口许可条例，并在规定时间内，向总统提交报告。

3. 商业航天重点领域政策法规

关于航天活动的法规和政策，美国大部分采取的是分领域专项的方式，即按航天活动的内容进行立法或制定政策。商业航天活动的主要领域包括商业航天发射、商业卫星和卫星商业应用、商业载人航天等。

（1）商业航天发射领域

美国在商业航天发射领域，先后颁布了《商业航天发射法》《商业航天竞争法》以及《国家航天运输政策》等相关法律、政策，旨在鼓励、规范、促进和提高私营商业空间发射活动。其中，1984 年的《商业航天发射法》是美国第一部系统规范商业航天发射管理的法律文件，确定了商业航天发射许可制度，授予交通部审理商业发射许可的职责，1988 年，该法案修订案确立了风险分担的三层责任机制，对商业发射保险制度进行详细的阐述，为发展商业航天发射业务奠定了制度基础。其后出台的政策法规则是在《商业航天发射法》基础上对商业航天发射制度的调整和补充。2013 年《国家航天运输政策》提出国家航天运输能力在满足政府需求的同时，需要进一步增强自身的国际竞争力，抢占国际商业发射市场，促进经济增长以及国家安全，确保领先水平。

值得注意的是，2015 年美国国会通过《商业航天发射竞争法》，规定美国公民将拥有从小行星上获取资源的所有权，鼓励小行星资源的商业开发与利用，这与美国长期推行的航天霸权方针不谋而合，也预示着世界商业航天竞争态势将日趋严峻。美国商业航天发射领域的法律法规见表 24。

表 24　美国商业航天发射领域的法律法规

序号	名称	颁布时间	基本内容
1	《商业航天发射法》	1984 年	主要规定了许可证制度、对持证人及发射活动的管理、政府部门的职责和相关义务以及保险责任等内容；1988 年进行修订，确立了风险分担的三层责任机制；1998 年该法再次进行修改，扩大运输部许可的范围至再入许可
2	《商业航天竞争法》	1992 年	规定政府要适当购买商业化的产品及服务，旨在鼓励商业航天运输业的发展
3	《国家航天运输政策》	1994 年	按照民用、军用以及商业航天三个方面对国家航天运输系统进行指导，在商业领域，明确了政府的扶植政策
4	《国家航天运输政策》	2013 年	细化了民用、军用以及商业部门空间运输能力发展的指导原则，将国家航天运输的发展重点调整为培育国际竞争力及加强国际合作，秉承了美国以往鼓励商业航天发展以及国际合作的方针
5	《商业航天发射竞争法》	2015 年	规定美国公民将拥有从小行星上获取资源的所有权，鼓励小行星资源的商业开发与利用

（2）商业卫星与卫星商业应用领域

卫星通信领域。美国先后制定了《卫星通信法》《电信法案》《轨道法》等，鼓励商业卫星通信发展，促成建立完全竞争的全球卫星通信市场。1962 年出台的《卫星通信法》是一部早期的关于美国航天商业化的成文法，该法允许私营资本进入通信卫星运营，为通信卫星商业化运营奠定了法律基础。依据该法，创立了位于哥伦比亚地区的私营公司 COMSAT。该公司同时为公共和私人提供服务。此外，联邦通信委员会（FCC）有责任要求公司为其他国家建立商业通信。2000 年美国颁布了《国际卫星通信改进的开放市场重组法》，即《轨道法》，其目的在于靠国际通信卫星组织和国际移动卫星组织的完全私有化来实现消费者和卫星服务与设备供应商的利益，促成一个完全竞争的卫星通信全球市场，并且切实采取措施保证卫星通信的私有化。为了达到这一目的，美国修改了 1962 年的《卫星通信法》，使通信卫星公司私有化，对通信卫星公司以及国际通信卫星组织和国际移动卫星组织两个国际卫星组织产生了深远影响。2001 年，国际通信卫星组织从一个协约组织转变为拥有 200 多家股东的私营公司。Intelsat 通过下属的 Intelsat 通用公司为商业承包商和集成商，美国联邦政府、州和地方政府以及北约成员国提供可持续的、经济而安全的通信解决方案。美国商业通信卫星与通信卫星应用领域的法律法规见表 25。

表 25 美国商业通信卫星与通信卫星应用领域的法律法规

序号	名称	颁布时间	基本内容
1	《卫星通信法》	1962 年	该法是早期关于美国航天商业化的成文法，允许私营资本进入通信卫星运营领域，为通信卫星商业化运营奠定了法律基础；依据本法，创立了位于哥伦比亚地区的私营公司 COMSAT
2	《轨道法》	2000 年	使国际通信卫星组织和国际移动卫星组织完全私有化，以实现消费者和卫星服务与设备供应商的共同利益

卫星遥感领域。1967 年，《关于各国探索和利用外层空间包括月球和其他天体的活动的原则条约》中关于促进私人遥感企业自由

进入、利用外层空间资源的相关内容，使美国意识到遥感产业巨大的商业价值。此后，美国先后颁布了《陆地遥感商业化法》《陆地遥感政策法》等，提出在政府与私营实体之间要有灵活性，如开放数据购买服务，建设用于私有化经营的陆地卫星系统，试图逐步实现陆地卫星的商业化。美国商业遥感卫星与遥感卫星应用领域的法律法规见表 26。

表 26　美国商业遥感卫星与遥感卫星应用领域的法律法规

序号	名称	颁布时间	基本内容
1	《陆地遥感商业化法》	1984 年	明确了许可私营实体的遥感系统，确立了非歧视利用遥感数据原则，提出了分阶段实现陆地遥感商业化的目标
2	《陆地遥感政策法》	1992 年	允许给私人运行卫星遥感系统颁发运营执照，确保陆地遥感商业化成为美国的长期政策目标
3	《美国以外国家介入空间遥感能力的政策》	1994 年	进一步放开了商业遥感卫星运营的分辨率，允许私营公司经营图像分辨率不优于 1m 的遥感卫星；该政策还对遥感先进技术的转移做出了规定，允许有条件地向国外提供卫星服务和出售卫星数据
4	《商业遥感政策》	2003 年	该政策放宽了高分辨率卫星及数据出口的限制，增强企业的竞争能力，继续保持其领先地位；规定了政府最大限度使用商业遥感能力，促进卫星遥感商业化

1994 年，美国出台了《美国以外国家介入空间遥感能力的政策》，放宽了政府对高分辨率遥感数据的管控，允许私营公司发展高分辨率商业遥感卫星，并销售分辨率优于 1m 的卫星遥感图像。2003 年 4 月，美国总统小布什签署了《商业遥感政策》，该政策取代了《美国以外国家介入空间遥感能力的政策》，确定了美国商业空间遥感能力的最

高纲领和实现方式。该政策提出进一步利用商业遥感系统促进现有的国际合作以及拓展新的国际合作，放宽高分辨率卫星及数据出口的限制，规定了政府最大限度地使用商业遥感能力，促进卫星遥感商业化，以获取最大的经济利益；鼓励私营公司参与商业遥感系统的建设和运营。该政策的出台有助于确保具备高分辨率遥感能力的私营部门相关利益，提高了美国商业遥感应用的国际竞争力，进一步保证其世界领先地位。

（3）航天地面设施商业化领域

美国是地面设施商业服务最先进的国家，其促进商业服务的法律法规也最完善，法律措施从早期的突出方向性、指导性到提出具体的要求，是一个逐步完善的过程。早年的空间项目协议（SAA）最初使 NASA 能够在传统合同、租赁和合作协议之外，与非政府合作者在实施未来任务时，能够补偿成本或分担成本。1993 年出台的《国防转轨战略》中提出建立军民一体化的“国家技术与工业基础”，为“同时谋求国防安全和经济效益最大化”，希望最终能做到“一套资源、两种能力”。该战略的提出为地面设施商业服务提供了思路。早期的法律也提倡美国空军或者 NASA 等机构的地面设施进行商业服务，如规定“商业公司可以使用过剩的能力或直接投资，以满足美国军方要求的超规模发射场设计”，但没有明确说明空军是否允许非联邦机构加入及合伙经营。随后，1996 年的《国家航天政策》提出 “鼓励私人使用地面设施，但优先满足国家需求”。进入 21 世纪以后，美国促进地面设施商业服务的法律法规更为聚焦。根据 2003 年的“商业空间合作行动”新议案，NASA 的设施和资产将允许商业航天公司使用。该议案的目的是为美国航天发射工业提供更多的政府支持，提高美国的航天发射能力。该议案认为强大的航天发射能力是国家安全和经济增长的基础。根据该议案，NASA 可以对外出租其固定资产和人员，承租商将采用支付现金、技术改造、新修建筑和提高设备性能等手段作为回报。该议案为双方都带来了好处，既为拥有建设和发展资金但没有发射设施的私有企业提供了设施，又为 NASA 提供了促进美国航天工业发展的能力，同时也为 NASA 的项目提供了产业化能力，另一方面也减轻了政府的财政压力。比如，一家商业航天公司若要在 NASA 发射场的空地上修建一个价值 2000 万美元的卫星处理设备，NASA 将按市场价格向该公司出租 20 年的土地使用权，得到全额的租赁费。租赁期满之后，该设备的所有权将属于 NASA。2006 年的投资性空间项目协议，提高了 NASA 与多家传统宇航实体，以及新的航天公司合作时的分担额度。近年来最有力地促进地面设施商业服务的法规是 2013 财年《国防授权法案》，该法案明确规定“允许私营公司和非联邦机构为联邦发射场分担成本。加入形式包括资金、服务、设备和发射场维护以及国防部合同必要的服务”，商业航天工业能以较低成本参与国防部发射和发射场基础设施的建设，能够有效降低发射场成本，提高发射场的能力，并拓展国家资源的使用，以增强商业航天安全和国家安全。NASA 作为航天地面设施商业服务的实施主体，其各项规章制度中对航天地面设施商业服务有所涉及，如《NASA 财金管理要求》就单列一章“加强实体资产租赁运用”，具体体现为以下内容：“总的说来，是赋予其他联邦机构和非联邦机构租赁 NASA 实体资产的权力，以一个公平的市场价格出租实体资产，为 NASA 筹集资金。”租赁协议中的价格不得低于公平市场价值加上可预期增值部分价格”，此外，还要求“任何机构和个人签署租赁协议的时候应该提供相应的资质文件”等。NASA 在合同管理方面也专门设计了三种形式的航天法案协议，着重支持私人航天企业使用 NASA 包括地面设施在内的航天设施，这三种形式的协议分别是有偿协议、无经费协议和有经费协议。在有偿协议下，私人公司或学术研究机构可以有偿使用 NASA 的设备，私人公司节省了投资，NASA 的设备也得到了充分利用。在有经费协议下，只有承包商在规定的时间内完成预定的里程碑计划，实现了预期的设计、安全性及性能目标，NASA 才付款。航天法案协议对私人公司的帮助不仅体现在经费方面。与 NASA 建立伙伴关系可以使私人公司合法地进入航天领域，还对吸引其他领域的潜在客户，特别是华尔街和风投银行至关重要。与此同时，NASA 也从中获益，例如，将往返国际空间站的工作交给私人公司，NASA 便可以把精力集中到星际飞行需要的重型运载系统开发上。

（4）商业载人航天领域

美国在载人航天领域出台的法案相对较少，2004 年 12 月 23 日，美国总统小布什签署了《商业航天发射法（修正案）》，该法案授权 FAA 发放允许私营航天器运营商运送付费游客进入太空的许可证，规定美国公民有权搭乘私营航天器上太空旅游，而且太空旅游费用和风险由个人承担。该法案的签署开辟了太空旅游法的先河，但是该修正案对于太空旅游业中的诸多具体问题还未做出详细的规定。美国目前对商业载人航天方面相关管理政策和约束还存在一定缺失，尤其是没有对第三方私营公司的责任进行严格规定。

（三）美国政府商业航天领域主要管理手段与措施

1. 资金扶持

（1）空间项目协议采购

美国政府通过采购方式的改变，实现商业航天的有效竞争。其在航天领域的商业采购采用空间项目协议代替联邦采购规则（FAR），与传统的成本 + 合同采购方式不同，现行采购方式明确规定只为希望用于 NASA 目的的具体技术投资，合同采用固定价格方式，即只为里程碑的性能付费，其他技术开发均由商业承包者自行投资，使承担公司进入竞赛状态。该采购策略已经通过“商业轨道运输服务计划”和“商业乘员发展计划”进行了成功的验证。美国政府通过采购制度的设计，防止商业航天发展过程中出现垄断现象,形成了有效的市场竞争结构。

（2）商业计划采购

美国政府通过实施商业航天资助计划，购买航天产品与服务，对商业航天进行资金扶持。

商业轨道运输服务（COTS）计划。商业轨道运输服务计划于 2006 年 1 月 18 日正式宣布，旨在协调私人航天公司向国际空间站提供载人、载货服务。商业轨道运输服务计划包括一系列的空间项目协议，包含了一批与里程碑紧密相关的资金与合同。第一轮商业轨道运输服务于 2006 年 5 月启动，NASA 选择了 6 家公司进行竞争。第二轮商业轨道运输服务于 2008 年 2 月启动，NASA 选择了太空探索公司、轨道 ATK 公司以及 Rocketplane Kistler 三家公司。太空探索公司得到 2.78 亿美元，在 2011 年，后续研制任务将合同额提高到 3.96 亿美元。轨道 ATK 公司得到 1.7 亿美元，后续合同额达到 2.88 亿美元。Rocketplane Kistler 最初赢得了 2.07 亿美元的合同，由于未能完成里程碑计划，NASA 终止了后续合同，该公司只收到3210万美元。

商业补给服务（CRS）计划。商业补给服务项目开始于2006年，旨在向国际空间站提供货运补给服务。这些货运航天器的开发都是在基于固定价格的里程碑计划下开展的。2008年12月28日，NASA将商业补给服务计划合同授予太空探索公司和轨道ATK公司。合同额高达35亿美元，其中太空探索公司获得16亿美元，轨道ATK公司获得19亿美元。

商业乘员开发（CCDev）计划。商业乘员开发计划是NASA管理下的多阶段项目，由商业载人与货运计划办公室管理，旨在刺激私人载人航天项目的发展。该方案预期选择不少于两家私人承包商，在2017年前实现国际空间站载人飞行服务。与以往的航天项目不同，商业乘员开发计划合同清晰地表达了NASA的目标，即合同仅授予NASA想要突破的分系统级技术开发项目，其他的系统技术开发由商业承包商负责。

商业乘员运输综合能力（CCiCap）计划。2012年8月3日，NASA发布了超过11亿美元、为期21个月的商业乘员运输综合能力计划合同。商业乘员运输综合能力计划旨在通过一系列空间项目协议提升针对政府和商业用户的载人航天服务能力。合同授予波音公司4.6亿美元，内华达山脉公司2.125亿美元，太空探索公司4.4亿美元。

2. 技术扶持

除了政策、资金的支持，NASA、空军对新兴商业航天企业进行了大量技术扶持与转移。NASA利用自身技术优势加强对太空探索公司的技术指导，通过直接派驻技术人员和专利转让等方式帮助其发展和验证关键技术；NASA开放了阿波罗计划的部分技术以支持新兴商业企业参与空间活动，如猎鹰系列火箭的灰背隼发动机采用了阿波罗计划登月舱下降级发动机的喷管；美国空军将夸贾林群岛的里根试验中心发射场、范登堡空军基地的 SLC-40 发射场提供给太空探索公司用于发射猎鹰系列火箭。

3. 管控手段

政府主要通过相关法律规范、政策指导、审批和发放生产许可证、航天发射许可证、出口许可证等进行管理。FAA 负责管理和审批航天运载器的发射活动；商务部负责空间系统的商业转化应用管理，并负责审查和批准商业遥感卫星的运行许可证；国务院则负责卫星整星及相关技术与航天关键产品的出口管制和出口许可证发放，并有权制裁违规的企业。国会有权通过听证会等各种调查方式监督商业航天活动。

二、欧洲商业航天管理及政策法规研究

（一）欧洲商业航天管理体制机制

欧洲商业航天的发展水平不及美国，欧空局以及欧洲各国的航天局等行业主管机构均未见明确提出商业航天的概念，没有专门成立商业航天管理部门，其对于商业航天的管理是与民用航天管理融合在一起的。欧盟航天工业管理可分为基于一体化组织的跨国航天工业管理和基于各国政府机构的航天工业管理两部分。其中，欧空局、欧盟等一体化组织管理和组织实施欧洲大部分民用和商业航天活动，各国政府主要负责国内的军用航天计划，也负责部分商业航天项目。

1. 以跨国组织管理为核心的欧洲民用航天管理

在欧洲各国政府的推动下，欧洲建立了跨国的组织机构，如负责

发展欧洲防务能力，协调、管理和加强欧盟成员国的军备采购以及合作项目，制定欧盟军备工业发展战略的欧洲防务局；负责制定欧洲航天政策，协调和管理欧洲航天计划的欧空局等。欧洲气象卫星组织和欧盟委员会都通过欧空局实施航天活动，将航天器采购和研发委托给欧空局，而不是自己管理这些活动。一旦发射后，欧盟委员会和欧洲气象卫星组织对卫星进行运行管理。

欧盟直接组织和开展的活动由欧盟委员会执行，其中大部分由欧空局作为采购和开发机构；由欧空局组织开展的活动，经费来源于各成员国，欧空局也是欧洲主要的商业航天活动管理机构。值得指出的是：欧洲航天工业的最大特色，在于其“商业化”色彩较为浓厚。在军用和民用航天领域被美国和俄罗斯主导的情况下，欧盟选了航天技术商业化之路，如德国和法国等国的航天局发现有望赢利的航天产品和业务，即鼓励研究机构转给航天企业经营，进行商业性开发，推向国内外市场。欧洲航天活动和商业航天活动管理体制见图 6。

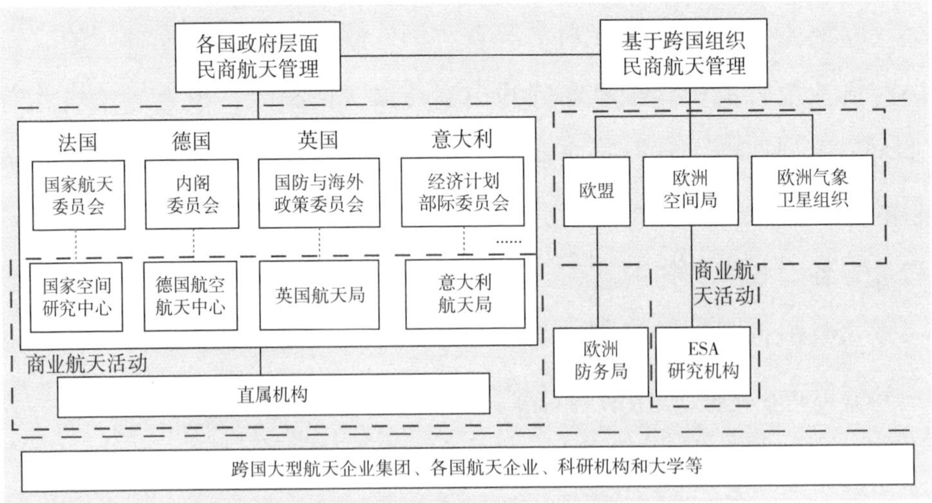

图 6　欧洲航天活动和商业航天活动管理体制

欧空局作为欧洲航天技术与系统的主要研究与管理机构，通过政府间合作协调欧洲的航天研究项目与技术研发，实施相关的航天计划。该机构主要负责欧洲空间研究、技术研发和空间应用的跨政府管理，设有理事会和一名局长，并下设了10个部负责各研究领域及日常管理工作。欧空局理事会由成员国代表组成，是负责制定欧空局政策的机构，对欧空局要遵循的政策和科学、技术管理及财务问题做出决策。理事会下设4个委员会，即科学计划委员会、行政财务委员会、工业政策委员会和国际关系委员会，各成员国委派代表参加上述所有委员会。理事会每3个月召开一次代表级会议，每2~3年组织召开一次政府级会议。欧空局的职权主要包括四个方面：遵循“公平偿还”的原则，尽量使各成员国有机会纳入欧洲化范围；制定欧空局的任务，负责强制性计划和选择性计划的区别实施；协同各成员国之间的空间合作；在所属机构开展航天研究与应用。

欧空局主要通过PPP模式推进欧洲商业航天的发展。欧空局在2006年开始进行首次公私合作，建造高适应性卫星-1宽带通信卫星。该星2010年发射，成本约为1.2~1.56亿欧元。“高适应性卫星-1”由英国阿万蒂通信公司建造，欧空局出资0.34亿欧元，印度安垂克斯公司参与建造了卫星平台，阿斯特里姆公司负责建造有效载荷。第二次PPP模式的合作涉及欧空局、法国国家空间研究中心、阿斯特里姆公司以及泰·阿公司，共同开发了大型阿尔法通信卫星平台。开发成本约为6亿欧元，其中欧空局投入2.87亿欧元。第三次公私合作是欧空局与德国OHB公司合作开发“小型地球静止轨道”航天器平台，首颗卫星将由西班牙运营商运营。欧空局还参与了公私合作的“欧洲数据中继系统”计划，该计划为期15年，欧空局投资2.75亿欧元，阿斯特里姆公司投资1亿欧元。

此外,欧空局还采取公私合作的方式研制全电推伊莱克拉特卫星。

2. 典型国家民用和商业航天管理体制

法国民用和商业航天活动由国家空间研究中心统一管理。法国航天工业管理的高层决策机构是总理领导下的国家航天委员会。它由来自政府部门的代表、国家空间研究中心的代表和专业技术人员组成,负责制定国家的航天政策。国家空间研究中心统一管理法国军用、民用和商业航天活动,包括航天器的研制生产,主要职责包括提出和执行法国空间政策,领导并实施国家军用、民用和商业航天计划,在欧空局及其他国际组织中代表法国利益并与国际伙伴特别是欧洲伙伴共同实施欧洲空间计划,管理使用国家航天经费,负责重大航天计划,并代表国家授予企业航天合同,通过其下属的各个空间中心和发射基地开展重大航天器研发、试验和发射活动。

德国民用和商业航天活动由德国航空航天中心负责管理。在航天领域,德国联邦经济与技术部,联邦教育与科研部,联邦运输、建筑与城市事务部和国防部等部门,按照内阁委员会批准的年度航天预算及有关计划,根据各自所管辖的业务领域,开展相关的航天技术研发活动,履行政府的管理职能,同时给予经费支持。德国航空航天中心既是德国航空航天计划的管理机构,也是德国的航空航天研究中心,承担航空航天领域的项目研究。该中心隶属联邦经济与技术部,发挥着国家航天局的作用,代表政府管理国家航天活动和重大航天项目。中心下设航天局、项目管理局以及33家研究机构,是德国集中开展航天技术开发和综合研究活动的主要机构。

英国军用和民用及商业航天活动分别由国防部和英国航天局负责,

英国航天局负责协调英国民用和商业航天活动，支持空间科学研究，扶持英国航天工业发展，提高英国航天活动形象，推动国民对空间科学及其效益的认识。

意大利民用和商业航天活动由意大利航天局负责。意大利航天局是国家航天政策和民用航天计划的制定部门，也是国家航天活动的指导和协调部门。该局与政府多部门协作，提出民用航天项目（包括国际合作项目）计划，这些项目在得到经济计划部际委员会批准后，由意大利航天局负责实施。意大利航天局负责选择主承包商和提供经费赞助，并积极促进意大利航天企业参与欧空局计划和 NASA 计划。

（二）欧洲政府商业航天相关政策与法律法规

欧洲没有独立的商业航天相关政策与法律法规，但其在有关的航天政策和策略措施中提到了支持商业航天的发展。

1. 欧盟和欧空局框架下的商业航天相关政策法规

欧洲整体的航天政策法规体系由在欧盟共同安全与外交基础上形成的法律法规体系、欧空局的政府间的法规体系以及欧洲整体相互协调形成的统一的欧洲航天政策所构成。其中涉及商业航天领域的政策法规主要包括《欧洲空间政策》绿皮书、《欧洲航天政策决议》以及“地平线 2020”计划（见表 27）。

表 27　欧洲颁布的商业航天政策法规

序号	名称	颁布时间	颁布机构
1	《欧洲空间政策》绿皮书	2003 年	欧盟
2	《欧洲航天政策决议》	2007 年	欧盟、欧空局
3	“地平线 2020”计划	2010 年	欧盟

《欧洲空间政策》绿皮书于2003年1月21日得到欧盟委员会的认可，旨在为提高欧洲在空间领域地位的适用措施、优化欧洲的空间技术开发力量，大幅度加大欧洲空间技术研究力度，改善相关机构运作框架。其主要内容包括：①加强航天商业活动，提高欧洲航天服务市场的国际竞争力；②促进航天技术进步，建立航天产业和技术基地；③增加研发航天技术的预算，不断提高欧洲航天技术的研发水平；④协调欧盟、欧空局及欧盟成员国三者之间的关系与合作；⑤全方位加强国际合作。强调把伽利略计划、“全球环境和安全监视(GMES)”、载人飞船及国际空间站等大型项目作为欧洲国际合作项目的重中之重。

《欧洲航天政策决议》由欧盟和欧空局联合制定，其目的是建立更好地协调欧盟、欧空局及其成员国之间航天活动的机制，最大程度地发挥投资价值，避免难以支持的重复研制，从而满足欧洲的共同需求。该政策阐述了未来的计划及需要明确的实施问题，指出要重视发展私营资本的民用卫星，以及要实现创新和技术开发对工业竞争、产品和业务的商业成功的推动作用，实现技术独立自主、与国际伙伴的战略合作和依靠市场力量之间的最佳平衡，尽可能避免欧洲工业对国际供应商的依赖。该政策的出台有助于解决民用、商用和军用航天计划和技术发展的协调问题。

“地平线2020”计划是欧盟落实“欧洲2020战略”、实施创新政策的主要资金工具，其宗旨是：帮助科研人员实现科研设想，获得科研上新的发现、突破和创新；促进新技术从实验室到市场的转化。计划周期7年（2014—2020年），预算总额约为770.28亿欧元。“地平线2020”计划要求欧盟所有的研发与创新计划聚焦于三个共同的战略优先领域：基础科学、工业技术、社会挑战，其中在工业技术领域提出要撬动风险投资，激励研发和创新领域的私人投资和风险投资；以及实施中小企业创新计划，促进各类中小企业各种形式的创新。

2. 欧洲主要国家商业航天相关政策法规

（1）法国

法国奉行独立自主发展航天的总方针：法国不仅是欧洲一体化进程的积极推动者，也是欧洲航天工业一体化发展的推动者，在航天领域积极推进欧洲航天工业的重组，以及空客防务与航天公司、泰·阿公司等跨国企业的发展。法国政府重视航天产品的出口，但同时在航天高技术与产品出口政策方面与欧盟国家保持一致，与美国保持协调。法国以航天法规规制航天活动，通过政令和法令成立了国家空间研究中心、航天委员会等空间机构并赋予其相应的职权，2008 年颁布的《空间活动法》为法国在空间活动商业化、私营化和军事化趋势下加强对空间活动的管理和控制提供了法律保障。2015 年 9 月，法国政府公布了《商业航天投资倡议》（以下简称《倡议》），宣布要开展一系列技术投资，以使本国企业能赢得低轨卫星互联网星座、新一代高分辨率光学对地观测卫星和地球静止轨道高通量宽带卫星的建造合同，旨在提高法国企业在世界市场上的“启动速度和竞争力”。《倡议》在共同航天小组会议上提出，包含三项具体举措：①国家空间研究中心同空客防务与航天公司和泰·阿公司签订合同，对一个下一代高分辨率光学遥感系统开展 18 个月的设计工作；②法国政府同意利用 3000 万欧元的“向未来投资”（PIA）公债发行收入来推动发展低轨互联网星座所需技术；③同意同欧洲通信卫星公司一道建议利用欧盟的容克发展基金来建造 3~4 颗大型地球静止轨道高通量卫星，并在 2020 年前后发射。《倡议》明确由法国国家空间研究中心和法国航空航天工业协会负责确定投资议程。

（2）德国

德国航天政策是在欧洲航天政策的总体框架之下制定的，具有国际合作的特点：作为德国高技术的一个重要分支，德国政府在航天技术上的发展目标是：扩大并巩固德国在空间研究和空间技术方面的领先地位，同时在欧洲乃至世界范围内为德国企业争取更多的市场机会。德国涉及商业航天的相关政策法规包括《德国电信法》《卫星数据安全法》等，其中 1996 年颁布的《德国电信法》确立了私人卫星电信运营商许可制度，提出开放电信领域的外商投资口径，以及确保竞争机会平等，在该地区的电信和网络以及相关设施的服务领域促进以竞争为导向的、可持续的电信市场的发展，该法律的出台推动了德国电信市场自由化战略。《卫星数据安全法》于 2007 年由德国政府颁布，是德国第一部针对涉及国家安全的卫星数据的法律，一方面从法律上确保了卫星数据的不可侵犯性，另一方面也明确了私人公司在开放和利用卫星数据业务上的范围，对于推动高科技企业卫星遥感、通信和测量等业务的商业化具有重要实践意义。

（3）英国

英国有选择地发展商业航天事业，积极开展国际合作，以最高的效费比实现航天发展目标：英国政府以此作为制定英国航天政策的核心思路，强调通过稳定的法律法规、有效的产业政策和国际合作，使未来的空间设施与应用服务对英国经济和科技产生的效益最大化。英国在商业航天领域先后颁布了《电子通信法》《广播法》《太空创新与增长战略（2014—2030）》《国家航天政策》等政策法规，其中于 2015 年 12 月颁布的首部《国家航天政策》，提出英国的目标是成为欧洲商业航天及相关空间领域技术中心，同时在世界航天市场中占据更大份额，该政策对英国整体商业航天发展布局和规划带来深远影响。英国商业航天领域的相关政策法规见表28。

表28　英国商业航天领域相关政策法规

序号	名称	颁布时间	基本内容
1	《电子通信法》	1984年	规定从事无线电通信的私人和实体都要获得许可证并且要符合国家刑事法规的规定。依据法律的规定，关于电子通信的许可证分为两类：等级许可或一般授权性许可以及私人许可
2	《广播法》	1990年	规定电视和广播服务的提供者需要从国家获得许可证，并且，《广播法》建立了一个一般的法律框架，其目的是规制电视系统以及与电视业相关的服务
3	《英国民用航天发展战略（2008—2012年及更远）》	2008年	指出英国国家航天中心的10个合作伙伴，包括商业、企业与制度改革部，儿童、学校与家庭部，环境、食品与农村事务部等
4	《太空创新与增长战略（2014—2030）》	2010年	增加对高价值优先市场的投入，以确保达到预期目标； 通过提供好的市场环境增加现有的和新的商业机会； 增加英国在欧洲的回报率； 截至2030年，英国的航天出口额从每年20亿英镑增加到250亿英镑； 激励一个充满生机的区域航天部门
5	《国家航天技术计划》	2013年	加快创新步伐，扩大商业航天市场份额，使英国在未来国际航天（包括欧空局的计划）中发挥更大作用
6	《“航天创新与发展战略2014—2030：航天发展行动规划”的政府响应》	2014年	围绕加强市场开拓、完善政府管理、提升欧洲获益、大力推动出口以及鼓励中小企业发展五个方面提出建议以及37条切实可操作的行动措施
7	《国家航天政策》	2015年	提出英国未来的目标是成为欧洲商业航天及相关空间领域技术中心，同时在世界航天市场中占据更大份额

续表

序号	名称	颁布时间	基本内容
8	《航天工业法案》	2018 年	允许民用公司使用英国太空中心的高超声速飞行器和高速点对点发射器，促进空间技术的商业开发
9	《促进航天产业繁荣》	2018 年	加速航天产业拉动国家经济发展，鼓励商业航天和航天产业发展

2015 年发布的《国家航天政策》指出英国将建立更多合作伙伴关系，抓住更多商机，提供更多就业机会，并推进对宇宙空间的探索。2030 年前，英国将在全球航天市场中占据 10% 的份额，创造 3.5 万个新就业机会，英国航天产业的经济规模将达到 400 亿英镑。该政策中强调了为商业航天发展提供长期支持，其中指出航天领域的探索发现和应用步伐明显加快。因此，英国政府立足从战略层面发展工业界、学术界以及政府之间的长期合作伙伴关系，由此在航天领域催生新知识、新发现以及新的经济增长点。卫星已被视为支撑英国科学实力和增强商业能力的八大新兴技术领域之一，未来英国将致力于成为该领域的全球领导者；以英国商业银行为核心，持续推动金融界更好地服务于创新型小企业发展，支持创新和企业家创业，为私营部门向航天投资创造条件;进一步促进工业界和学术界现有和新航天资产的聚集，提高航天产业的集中度，建立更多工业园区和产业联盟，以此作为更大范围的国家基础设施战略的一部分。此外，政府将加快航天市场化的步伐，提升投资效益，制定预见性强的规章制度，在满足国家和国际安全的前提下促进航天成长。在航天产品全球市场，特别是在卫星制造、天基仪器、卫星服务、航天发射以及航天技术应用等领域，政府将扶持英国企业在竞争中取得成功。英国政府鼓励发展新型航天市场，并在此充分发挥英国航天产业的优势。目前英国已经着手建设本

国发射场，正在考虑将其面向商业航天飞行、小卫星发射等商业活动提供服务。

2018 年 3 月 5 日，英国颁布《航天工业法案》，允许在英国本土实施商业航天发射。这意味着英国将很快能够利用本土的发射场，提供商业卫星发射一站式服务，抓住全球不断增长的发射需求份额。此外，英国还将基于该法案制定未来商业航天政策，包括航天产业的相关责任、保险以及付费流程等。

2018 年 5 月 11 日颁布的《促进航天产业繁荣》战略文件就是旨在通过持续发力，推动航天产业发展。该战略文件提出了英国航天产业未来的发展目标，主要是用于拉动国家经济发展，鼓励商业航天和航天产业发展。英国航天未来 10 年将在地理信息服务、全球通信连接服务、在轨机器人和低成本进入空间等领域发力，力争航天产业对英国 GDP 增长的拉动作用实现倍增，助力航天产业出口增收 50 亿英镑，并鼓励人才多样化发展。《促进航天产业繁荣》战略文件是英国持续推动航天产业发展的最新举措，将帮助英国吸引更多的私人投资，建立新的全球伙伴关系，同时还可以使英国巩固现有优势和地位，吸引更多专业人才，为航天产业发展创造良好条件。

（三）欧洲政府商业航天领域主要管理手段与措施

欧洲政府对商业航天的主要管理方式，包括计划管理、合作管理、股权管理，其中计划管理和合作管理成为主要管理手段，股权管理逐步弱化，工业界的自主权不断增强。

1. 计划管理

为确保欧洲商业航天发展的竞争性与创新性，政府主要通过发布技术计划、采购计划等方式对私营公司提供技术和资金扶持。例如英国政府2013年颁布的《国家航天技术计划》（NSTP），额外投资2500万英镑，用于推动利用航天技术研制商业产品，以及充分应用天基系统数据提供服务（见表29）。法国2015年发布的“商业航天投资计划”提出将“向未来投资”（PIA）公债发行收入的80%投向一网公司宣布的由900颗卫星构成的“星座”项目下的工作，以期同美国数字地球公司抗衡。

表29 英国《国家航天技术计划》的四个关键项目

序号	关键项目	基本内容
1	启动“下一代”通信卫星平台的研制工作	这项工作将主要为未来欧洲3~6t重的通信卫星研制机械平台构架。英国公司将通过该项目在未来欧空局研制太空通信技术的项目中发挥重要作用
2	研制稳固、轻型、便携式Ka波段卫星通信终端	这个终端将作为最新一代高带宽卫星宽带服务的便携和移动性访问装置
3	开发一个系统和服务，用于根据卫星对地观测数据测量陆地炭储备和变化	这种服务将提供比目前更优的分辨率，并监控炭的变化，类似于跟踪气候变化的商用工具
4	加速新型S波段合成孔径雷达设备的技术研发	为英国NovaSAR合成孔径雷达任务提供解决方案。载有雷达的航天器可以全天候监视地球表面，英国有望发射一系列卫星，在24小时内对地球任一地区成像

2. 合作管理

在商业航天管控方面，一方面，欧空局成员国之间、欧空局与欧盟之间、欧洲与其他航天国家之间都有不同程度的合作。2003年，欧盟与欧空局签署了《欧盟与欧空局之间的框架协议》，促进了一个协调统一的欧洲航天政策的发展，此后，欧洲的航天活动走上了一条联合之路。欧盟与欧空局共同于2007年颁布了由29个欧洲国家通过的《欧洲航天政策决议》，其目的是建立更好地协调欧盟、欧空局及其成员国之间航天活动的机制。另一方面，各国政府通过密切主管部门同工业界的联系与合作，加强对计划、经费、产品质量控制等的协同管理。如法国专门设立了“共同航天”政府与工业界联合小组，负责协调政府和企业界的商业航天战略；《英国民用航天发展战略》提出通过与其他国际航天机构建立关系来实现合作，开辟商业市场，在此基础上规定政府对航天工业贸易协会每期发布的《航天发展行动规划》都要进行积极反馈，提出具体管理措施。

3. 股权管理

与美国商业航天管理不同的是，欧洲大部分商业航天企业都由政府享有一定股权，且控股占大多数。例如法国由于担心太空探索公司会威胁其商业发射领域的地位，长期专注于投资阿里安项目，通过国家空间研究中心参股阿里安航天公司对其进行管控，同时期望获得商业化后的相应回报。值得注意的是，这种管控模式逐渐被弱化，阿里安 –5 火箭主承包商空客赛峰运载公司于 2015 年年底买下法国国家空间研究中心所有的阿里安公司 34.7% 的股份，工业界逐渐掌握商业发射市场的自主权。

三、美国和欧洲商业航天领域政府管理的特点综合分析

围绕美欧商业航天政策法规以及管理体制机制进行分析，不难发现，在长足的发展后，美欧商业航天政府管理也呈现出一定的特点。

（一）健全的风险管理体系

美国商业航天的良性健康发展是建立在完善的保险体系和风险把控机制的基础上。1988 年修订的《商业航天发射法》确立了风险分担

的三层责任机制，对商业发射保险制度进行了详细的阐述。同时美国政府在航天发射领域选择多家承包商，通过多样化的合同协议，将研制进度与经费挂钩，避免项目进度超期、研制费用激增等负面影响，将风险有效地转移到承包商身上；采取限制恶意竞争联盟等策略，都是风险规避的表现。

（二）逐步放松对商业航天的管制

随着现代管制理论、可竞争性市场理论以及现代自然垄断理论的发展，使得自然垄断和竞争与政府管制的关系问题得到重新认识。越来越多的经济学家相信，只要条件具备，政府就应放松管制，引入竞争机制和市场内的竞争。21 世纪，美国在商业航天管理方面表现出由政府主导向扶持为主、管控为辅的方式转变， 以 NASA 为例，NASA 修改了航天飞机的管理结构，实现多种运营模式，旨在促进产业界参与和私营化发展。

（三）注重航天技术转化与商业应用

在美国政府完善的制度保证下，NASA 持续开展国防技术包括航天技术在内的二次应用技术的选定和推广工作。航天技术的转化正在为医疗保健、运输、公共安全、生活消费品、能源，以及环境、信息技术和工业产品带来利益，能够刺激消费，创造新的工作岗位和商业机会。美国成熟的商业航天市场正是美国航天技术转化成功最有力的证明。

（四）保证良性竞争的市场环境

美国政府大力鼓励商业航天发展，在引入竞争、降低总成本方面发挥了明显作用。以美国太空探索公司为例，该公司从 2002 年成立至

2010 年，总体运行费用不超过 8 亿美元。其猎鹰 –9 运载火箭的研制周期历时 4 年半，研制费用约为 3 亿美元。截至 2013 年，太空探索公司员工总数只有 2000 人左右，由此也反映了其在科学管理和成本控制方面的优势。

第四章 我国商业航天发展环境与现状分析

目前，国内还没有顶层航天法，也缺少专门的商业航天相关政策与法律法规，针对商业航天发展的相关政策条文基本来源于国家政府机构出台的相关文件。

一、国家发展商业航天的相关政策

2013 年，国务院发布《国家卫星导航产业中长期发展规划》，提出以企业为主体，以掌握核心关键技术、培育服务新业态、扩大市场应用、提升国际竞争力为核心，确定了六方面重点方向和任务，实施五大重点工程。

2014 年 1 月，国务院发布《关于促进地理信息产业发展的意见》，明确将地理信息产业列入国家战略性新兴产业。

2014 年 11 月，国务院 60 号文件颁布了《国务院关于创新重点领域投融资机制鼓励社会投资的指导意见》，第二十四条提出："鼓励民间资本参与国家民用空间基础设施建设。完善民用遥感卫星数据政策，加强政府采购服务，鼓励民间资本研制、发射和运营商业遥感卫星，提供市场化、专业化服务。引导民间资本参与卫星导航地面应用系统建设。"开启了民间资本参与国家民用空间基础设施建设的大门，吸引了更多的人才和资源投入到商业航天尖端领域。

2015 年 10 月，国家发改委、财政部、国防科工局联合印发《国家民用空间基础设施中长期发展规划（2015—2025 年）》，指出要发展固定通信广播卫星和移动通信广播卫星，同步建设测控站、信关站、上行站、标校场等地面设施，明确支持民间资本投资卫星研制和系统建设，增强发展活力。

2016年5月，国家发改委发布《关于实施制造业升级改造重大工程包的通知》，将“商业航天产品发展工程”作为十大重点工程之一列入其中。此外，以吉林省、武汉市、深圳市为代表的地方政府也相继出台了鼓励商业航天发展的相关政策。

2016年11月，国务院发布《“十三五”国家战略性新兴产业发展规划》，提出“十三五”期间要做大做强卫星及应用产业，2020年基本建成主体功能完备的国家民用空间基础设施，满足国内各领域主要业务需求，基本实现空间信息应用自主保障，形成较为完善的卫星及应用产业链。

2016年12月，国务院新闻办公室发布《2016中国的航天》白皮书，提出要进一步完善准入和退出机制，建立航天投资项目清单管理制度，鼓励引导民间资本和社会力量有序参与航天科研生产、空间基础设施建设、空间信息产品服务、卫星运营等航天活动，大力发展商业航天。

2018年12月，国务院、中央军委发布《遥感卫星数据开放共享管理暂行办法》，提出遥感卫星数据开放共享的有关规定。

2019年5月，工信部发布《关于进一步深入推进首台（套）重大技术装备保险补偿机制试点工作的通知》，提出通过市场化方式支持破解初期市场信任不足导致的研发应用瓶颈，促进重大技术装备创新。

2019年5月，国防科工局、国家发改委、财政部联合发布《国家民用遥感数据管理暂行办法》，鼓励开展遥感数据高级产品开发及商业化应用推广。鼓励行业协会、学会等社会团体开展遥感数据应用及服务的推广。

2019 年 5 月，国防科工局、中央军委装备发展部发布《关于促进商业运载火箭规范有序发展的通知》，明确从事商业火箭研发、生产、试验、运输和以盈利为目的使用商业火箭从事发射活动的所有单位为规范对象，其中不仅包含两大航天集团公司，也包括为数众多进入民用火箭研发的民营企业。

总体上看，目前国内的政策环境是非常鼓励社会资本进入航天。从实操层面上，无论是从工程层面上直接进入航天，还是通过投资手段间接进入航天，首先必须做好与中央军委装备发展部、国家发改委、国防科工局的沟通与交流，获得最直接的政策支持，这是进入航天最基本的底线。航天政策制度概况见图 7。

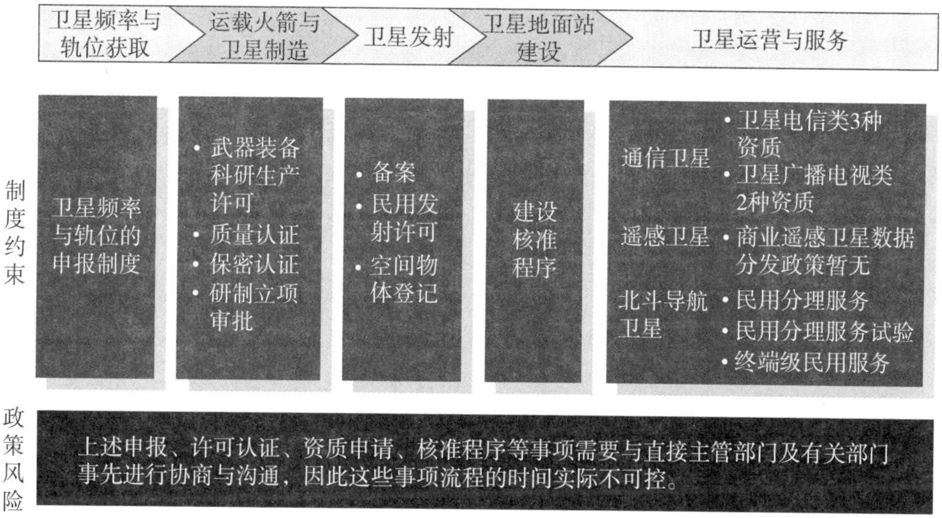

图 7　航天政策制度概况

（一）卫星频率与轨位获取政策与制度

卫星频率与轨位是空间战略性资源，也是卫星应用产业发展最基本的要素。因此，企业想独立运营卫星系统就必须提前获得相应的频率与轨道资源，按国际惯例一般应在卫星投入使用前的2~7年内获得。为减少在频率与轨位申请方面的时间成本，也可通过与已取得频率与轨位资源的国内企业开展合作、租用国外公司的频率与轨位、收购已取得频率与轨位资源的国外公司来获得卫星的频率与轨位。

企业若计划在国内获取卫星频率与轨位资源，则应向工信部无线电管理局上报，由无线电管理局统一向联合国国际电信联盟（ITU，以下简称“国际电联”）申报，并由国际电联协调分配。

（二）运载火箭与卫星研制政策与制度

从目前国家政策上看，民用卫星的研制及相应能力的建设审批相对简单，但运载火箭作为典型的军民两用产品，其研制对民营企业的要求较高，相应的审批也较为严格。具体政策包括：2016年7月21日，中共中央、国务院、中央军委印发了《关于经济建设和国防建设融合发展的意见》，明确指出加快引导优势民营企业进入武器装备科研生产和维修领域，构建公平竞争的政策环境；随着新政策的推进，国家发改委不再对民用飞机、民用卫星制造与民用卫星地面站建设进行核准，进一步放开对民营企业进入航天领域的限制。

我国现有航天科研生产一般按照武器装备科研生产进行管理，实施运载火箭与卫星研制首先应取得相关科研生产资质，包括武器装备科研生产许可、质量认证、保密认证等。

2019年5月30日，国防科工局与中央军委装备发展部发布了《关于促进商业运载火箭规范有序发展的通知》，就商业运载火箭的研制生产、发射申报以及安全出口作出规定，有效规范了我国商业火箭产业的发展。

（三）卫星发射相关政策与制度

卫星发射能否进行是以获取卫星频率与轨位、获得中央军委装备发展部与国防科工局卫星立项批准为前提的。民用卫星的发射，需要经过中央军委装备发展部、国防科工局的审批。其中，国防科工局的审批需要以下几个主要过程。

项目备案。在卫星立项之初就需要在国防科工局备案，提供相应的材料，包括用户开具的《最终用户证明》。

申请《民用发射许可证》。民用航天发射需经国防科工局审查合格取得民用航天发射项目许可证后，方可从事民用航天发射项目。

空间物体登记。进行空间物体登记是实施卫星发射之前必须履行的义务。登记管理按《空间物体登记管理办法》由国防科工局负责实施。

（四）卫星地面站建设政策与制度

当前，地面段的建设需要经过属地备案，即企业到地方发改委备案即可。卫星地面站的频率向工信部无线电管理局申报。此外，地面站建设还应获得国家或地方规划、环保、安全等有关部门的审批。

（五）通信卫星运营与服务相关政策与制度

通信卫星系统的运营与服务资质大体可分为卫星电信类与卫星广播电视两类。

1. 卫星电信类业务政策与制度

在卫星电信类方面，国家还没有具体的政策限制，只是规定需要申请相关资质。

卫星电信类主要的运营资质包括空间段运营资质、地面段电信业务运营资质、地面段互联网通信业务资质等，资质申请由工信部信息通信管理局负责。地面段电信业务运营资质包括卫星固定通信与卫星移动通信两类。

2. 卫星广播电视类业务与制度

卫星广播电视类运营资质包括空间段运营资质与地面段运营资质，资质申请主要由国家广播电视总局负责。

（六）遥感卫星运营与服务相关政策与制度

从已经颁布的国家相关性政策中可以看出，国家非常支持商业遥感卫星的发展。国家发改委明确支持亚米级分辨率的国产遥感卫星商业化运营。国务院颁布的《国务院关于创新重点领域投融资机制鼓励社会投资的指导意见》中，鼓励民间资本参与国家民用空间基础设施建设，尤其强调要完善民用遥感卫星数据政策，加强政府采购服务，鼓励民间资本研制、发射和运营商业遥感卫星，提供市场化、专业化服务。

目前，国内遥感卫星系统还没有类似通信卫星系统的相关运营资质的认定程序。国家对民用遥感卫星数据分发采取一星一策的管理方式。对数据接收与处理，可通过地面站建设与运营取得相关权限。

（七）导航卫星运营与服务相关政策与制度

导航卫星的运营主要由军方负责，受到的限制条件较多，独立开展运营业务难度很大，但是国家鼓励企业参与导航卫星相关的应用服务业务。

目前，北斗导航卫星应用服务的相关准入程序主要由军方负责，具体执行审批流程的单位为中国卫星导航定位应用管理中心。申请的资质类型主要包括北斗导航民用分理服务、民用分理服务试验以及终端级民用服务三类，企业可以根据自身情况进行申请。

（八）航天保险相关政策与制度

航天保险主要包括火箭及卫星发射前保险、火箭及卫星发射保险、卫星在轨寿命保险以及发射第三者责任保险。为促进卫星出口，近年来中国进出口银行、法国外贸信贷保险公司（COFACE）和加拿大出口发展公司（EDC）、以色列出口保险有限公司（ISHRA）等国家银行和信贷保险机构在卫星出口信贷融资领域非常活跃。

保险公司一般不对外透露商业航天承保费率。纽约 XL 保险公司曾在 2014 年透露，卫星发射和第一年在轨保险费率已从 10 年前约 20% 的高位降至 2014 年的最低 5%。另外国际知名的保险经纪公司怡安（Aon）国际航天保险经纪公司（ISB）曾透露，2014 年为阿根廷通信卫星“阿星 -1”提供的发射加卫星全周期在轨保险的保单费率不到 10%。

2014 年，全球航天保险费预估为 6.8 亿美元，赔付申请为 6.55 亿美元，整体上盈利水平较低，其中，俄罗斯质子号运载火箭未能将快讯 -AM4R 通信卫星送入有用轨道，致使保险公司损失 2.17 亿美元。

目前，我国境内尚未有保险公司具备发射保险的承保能力，一般做法是由中国人保、中国平安、中国太平洋等组成的保险公司联盟受理后，分包到国外保险公司进行承保，未来，随着航天技术的不断成熟与完善，且受制于航天器所有者采购成本控制的考虑，航天保险产业市场容量较小，前景并不乐观。

二、我国商业航天发展现状

（一）发射服务业

在火箭制造与发射服务领域，目前形成了由中国航天科技集团有限公司占主导地位，具备大、中、小型运载火箭研制能力，中国航天科工集团有限公司、多家民营企业积极布局，抢占小型火箭发射市场的局面。

国内大、中型商业发射运载火箭是在20世纪80年代世界商业发射服务市场上大量卫星等待发射的背景下应运而生的，主要通过对军用航天运输系统进行改进发展而来。

近些年，受国际、国内小型卫星的爆发性增长影响，小型低成本火箭发展迅速。除了中国航天科技集团有限公司研制的“长征六号”和“长征十一号”小型低成本运载火箭之外，中国航天科工集团有限公司推出的“快舟”系列运载火箭影响也比较大。其推出的快舟十一号固体运载火箭全长25m、直径2.2m、起飞质量78t，可以公路机动热发射，700km太阳同步轨道运载能力为1000kg，公布发射费用为1000万美元。

未来一段时期，国家计划发射任务以及各类小卫星星座建设仍将是航天运输系统最主要的任务来源，运载火箭高密度发射情况将长期存在。由于国家航天政策的变化，航天项目将从以政府投资为主向PPP等新型项目投融资模式转化。同时，社会资本不断涌入航天产业，创造出新的商业航天项目需求。预计未来几年，国内商业发射领域将会出现大幅增长，也会出现多样化、个性化需求。

国际上，受政治因素的阻碍，我国发射服务尚未进入商业发射服务主流梯队。我国商业航天发射服务面临严峻竞争态势。

虽然长征系列运载火箭具有高可靠性和较高性价比，但受美国卫星出口管制规则的影响愈发被边缘化。在 2012 年以前的 4~5 年中，我国每年平均可以获得一个高轨国际商业发射服务合同，但近年新签高轨及其他卫星发射订单较难。

从产品角度分析，我国老一代运载火箭暴露出运载能力不足、适应性不强等劣势；而新一代运载火箭市场定位及定价都尚未明确，与美欧国家同期研制的新型火箭相比，综合竞争力有待进一步加强。

中低轨和搭载发射服务市场方面，中低轨卫星的发射需求不稳定，所占市场份额较小且所需火箭型谱较多，市场上供大于求的局面使竞争较之高轨更为激烈。搭载发射方面，长征火箭搭载价格较高且发射机会较少，与“第聂伯”“心宿二”等擅于通过集簇式发射完成一箭二三十颗小卫星发射任务的市场占有率几乎无从比较。

在商业发射业务的主要市场——商业通信卫星发射服务方面，就价格 / 成本因素进行分析：单发长征三号乙火箭的发射服务报价约 7000 万美元，其中用于火箭研制生产的部分约 4000 万美元，测、发、控等费用却高达 3000 万美元。美国太空探索公司的单发猎鹰 –9 运载火箭发射服务价格约为 6120 万美元，其中测、发、控等费用仅几百万美元，其余全部用于火箭研制生产。

由此可见，即使与国际最具价格优势的竞争者相比，长征火箭的研制生产成本也占有明显优势，但由于昂贵的火箭发射测控费用，导致长征火箭整体发射服务失去价格上的优势地位，竞争力受到影响。长征五号运载火箭进入国际市场尚需一段时间，高轨运载能力上限长期停留在 5t 级，已经难以适应我国后续卫星的发射需求。

（二）卫星制造业

中国航天科技集团有限公司是国内唯一一家具备大、中、小、微全系列卫星制造能力的综合企业，集团所属的中国空间技术研究院、上海航天技术研究院等单位基本主导了国内大中型通信卫星、遥感卫星的研制。中国科学院以及以哈尔滨工业大学、国防科技大学、清华大学为代表的高校也具备了小、微型卫星研制能力。以深圳、长春为代表的地方政府支持航天企业落户当地创新产业园，涌现出一批新生市场力量。国内小、微型卫星研制单位产品情况见表30。

表30　国内小、微型卫星研制单位产品情况

序号	单位或企业名称	主要卫星产品系列
1	深圳航天东方红海特卫星有限公司	“开拓”系列
2	长光卫星技术有限公司	吉林一号
3	浙江利雅电子科技有限公司	丽水一号
4	长沙天仪研究院	潇湘一号
5	上海微小卫星工程中心 上海科技大学	创新一号、 上科大二号
6	哈尔滨工业大学	“试验”系列、“快舟”系列、 紫丁香二号
7	国防科技大学	“天拓”系列
8	清华大学	“灵巧”系列、 “纳星”系列
9	浙江大学	“皮星”系列
10	西北工业大学	“翱翔”系列
11	南京理工大学	南理工一号
12	南京航空航天大学	“天巡”系列

目前，通信卫星只有东方红四号E型性能接近成熟运营商需求；中国的航天标准在国际上还未受到广泛认可；在载荷方面，多波束载荷、灵活载荷、Q/V高频段载荷等产品能力有待进一步加强，效费比有待提高；与国际主流市场产品相比，目前单路转发器在轨交付价格较高，

周期较长。

我国遥感卫星进入国际市场时间较短，星地配合经验不足；遥感卫星地面站海外布局较少；遥感卫星及地面系统价格竞争力有待提升；卫星售后服务保障机制有待完善；产品相对单一，难以为用户提供必需的增值服务，缺乏全产业链系统方案解决能力。遥感卫星受出口审批政策限制，与国际市场主流指标相比缺乏竞争力。

中国的通信卫星进入国际卫星市场时间仅十年，尽管我国通信卫星技术和可靠性在不断进步，但总体技术水平与国际先进产品相比仍有差距，尤其是宽带卫星及全电推卫星的发展方面，较难满足成熟运营商及高端客户提出的复杂技术要求；同时在价格上也不具备很强的竞争力。

在新兴国家市场，由于美欧制造商更多地向第三世界国家释放产能，造成市场整体竞争加剧。虽然我们以资金支持、技术转让等方式吸引客户，取得了一定成绩；但随着其他国家加大对本国卫星制造商的信贷支持，我国商业通信卫星拥有的融资优势正在逐渐丧失。在上述情况下，中国通信卫星在轨交付业务将面临更加激烈的竞争态势。在通信卫星领域，成熟运营商市场是未来主攻市场。

遥感卫星受出口政策限制，很难参与合成孔径雷达、高精度红外、优于 1m 光学遥感卫星等项目竞争。平台方面，CAST2000、SAST2000 虽然能够满足多任务要求，但敏捷能力仍需进一步加强，载干比亟待提高；CAST100 平台飞行经验较少。载荷方面，急需开发轻小型高精度光学、高光谱和红外相机产品。目前性价比与国际主流产品相比优势不明显。

（三）卫星应用服务业

我国现在的卫星应用服务业，仍以系统集成为主，缺少有品牌影响力的核心产品和核心技术，整体竞争优势不明显。急需在性能指标、价格和产品文件体系等方面加强国际对标，开展技术和体制创新，逐步缩小与国际先进水平的差距，避免与竞争对手同质化，才可能获得更大突破。

卫星商业通信领域，中国卫通集团股份有限公司（以下简称中国卫通）占据主要市场份额，其拥有10颗在轨卫星，服务中国、亚太、中东、澳大利亚、欧洲、非洲和夏威夷等地区，卫星资源出租率约80%。“中星6A”“中星6B”“中星九号”“亚太五号”“亚太六号”和“亚太七号”等卫星为境内343套电视节目及230套广播节目和境外近300套卫星电视节目提供传输服务。香港亚洲卫星公司、部分国际通信卫星运营商（如国际移动卫星公司）通过代理机构在国内开展业务，但市场份额较小。2016年年初，亚洲卫星公司的亚洲六号卫星获得广播电视通信卫星运营许可，成为自中国卫通后国内第二家拥有广播电视通信卫星运营资格的实体。2016年7月，深圳市政府与中国航天科技集团公司成立亚太卫星宽带通信（深圳）有限公司，拟建立3~4颗高通量宽带卫星通信系统，将进一步加深国内通信卫星运营业务的竞争。在卫星移动通信应用领域：因其具有覆盖区域广、不受地理障碍的限制和终端设备体积小等优点，其发展和应用越来越受到各国的重视。但我国在该领域的业务一直以来被国际移动卫星公司、铱星公司、全球星公司等公司垄断，直到2016年8月6日天通一号01星发射，我国才终于开启了国产移动通信卫星的时代。

预计未来，我国通信卫星地面应用系统的市场规模年均增长率为

23%。到 2020 年，市场规模约为 620 亿元人民币。

卫星遥感领域，“十二五”期间，我国自主遥感对地观测体系初步建成。我国地理信息服务产业总值年增长率 30% 左右，2014 年年产值近 2600 亿元。国家用于购买遥感数据的费用年均仅 10 亿元人民币左右。部分市场被国外遥感卫星数据垄断，主要通过北京视宝卫星图像有限公司、北京同天视地空间技术有限公司、北京天目创新技术有限公司等代为发售。近年来，二十一世纪空间技术应用股份有限公司投资构建“北京一号”“北京二号”；长光卫星技术有限公司研制发射“吉林一号”；北京四维商遥航天科技有限公司着手建立 24+X 颗高分辨率遥感卫星星座。以商业模式建设国产遥感卫星星座，开启了我国商业遥感卫星应用的新篇章。国产商业遥感卫星星座建设情况见表 31。

表 31　国产商业遥感卫星星座建设情况

序号	遥感系统	所属公司	系统组成
1	北京一号	二十一世纪空间技术应用股份有限公司	1 颗具备 4m 全色和 32m 多光谱双传感器系统
2	北京二号		3 颗具有 1 m 全色和 4 m 多光谱分辨率的遥感小卫星
3	吉林一号	长光卫星技术有限公司	1 颗光学遥感卫星、2 颗视频卫星和 1 颗技术试验卫星，地面分辨率全色 0.72m、多光谱 2.88m
4	四维商遥星座	北京四维商遥航天科技有限公司	16 颗 0.5m 分辨率光学卫星、4 颗高端光学卫星、4 颗微波卫星以及多颗视频高光谱等微小卫星星座组成的 0.5m 级高分辨率商业遥感卫星系统
5	欧比特视频微纳卫星	珠海欧比特宇航科技股份有限公司	两颗相同的微纳卫星，地面像元分辨率 1.98m

在卫星遥感应用领域，国内遥感卫星图像市场有望从免费供应加

速变为商业化运作，遥感卫星图像的销售规模和利润率有望迅速增长，近几年将保持年均 20% 以上的增速。国外有 35 个国家对遥感数据提出了明确需求。

在卫星导航应用领域，导航与位置服务产业继续保持高速增长，总产值超千亿元。到 2020 年，北斗卫星导航市场将达到年产值 4000 亿元人民币，年复合增长率达到 40% 以上。北斗卫星与数据挖掘、物联网等技术相融合，将在智慧城市建设中发挥重要作用。北斗地基增强系统，可以增强信息修正误差，实现分米甚至厘米级的服务，能够为用户提供更多差异化服务。

整体来看，卫星应用是国家重点扶持的战略性新兴产业，近 5 年年增长率达到 20%，保持了飞速发展的势头。作为拥有 14 亿人口的大国，我国拥有世界上最广大的卫星应用市场和研发市场资源。随着卫星应用技术的不断发展与突破，卫星应用产品和服务业广泛地渗入到国民生产和生活的各个领域。随着新一代信息技术产业的发展和天地信息的深度耦合，基于天基信息（卫星导航、卫星通信、卫星遥感）支撑下的信息系统集成和服务，是新一代信息技术的重要组成部分。

（四）地面设备制造业

我国绝大多数地面设备制造商仍是小微企业，主要从事卫星导航与位置服务接收设备和卫星通信接收设备制造。

卫星导航与位置服务设备制造，初步形成了完整的产业链，改变了以往导航芯片、板卡等大量应用部件依赖进口的被动局面，赢得了产业发展的主动权。从事卫星导航与位置服务的企事业单位超过 13000 家，行业内上市公司（含新三板）总数达 21 家，主要上市公司包括北斗星通子公司和芯星通、中国卫星子公司航天恒星和星地恒通、同洲电子参股公司东莞泰斗微电子公司、华力创通、振芯科技、中海达、海格通信、合众思壮、四创电子、盛路通信、江苏三友、深圳赛格、欧比特、北方导航等，上市公司涉及卫星导航与位置服务相关产值占全国总产值的6%。

卫星通信设备制造，虽然国内若干家科研院所、民营企业也从事通信终端制造，但市场主动权被国外产品占据。成绩较为突出的企业有航天恒星、天津通广集团、北京星网卫通等。其中航天恒星研制的Anovo卫星通信系统产品实现了国产化零的突破，打破了国外VSAT产品垄断局面。在终端所需的关键元器件和软件上，国内企业已基本能自行生产，在动中通天线、上行功率放大器等领域也出现了一些知名企业。

随着通用航空服务和无人机应用的快速发展，基于卫星通信的数据采集和通信中继服务终端越来越多地应用于农业、林业、渔业、矿业，以及抢险救灾、边境巡逻、海洋监测等国防和国民经济建设的各个领域。

三、我国商业航天发展的特点及存在问题分析

（一）特点分析

1. 商业航天发展处于初级阶段，市场规模较小

我国航天事业已经走过了60多年的发展历程，建立了运载火箭、卫星、飞船、空间站、深空探测器、地面应用、测控通信与发射场等完整的航天工业体系，实现了全面自主发展，成为名副其实的航天大国。但是，相比于美欧等西方大国，商业航天的起步要晚得多，商业航天的发展处于初级阶段，产业规模较小，应用的深度和广度严重不足，

相关企业竞争力较弱。

在我国商业航天的相关企业中，能与国际知名企业形成有效竞争的更是少之又少。在上游的制造业中，中国航天科技集团有限公司处于行业的领先地位，但是，“十二五”期间，中国的整星出口仅占国际商业通信市场的4%左右，对外商业发射服务16次（含整星出口项目的发射服务），占国际商业发射服务次数的10%左右，其市场占有率极低；在国内通信卫星领域处于垄断地位的中国卫通与全球领先的国际通信卫星公司、欧洲卫星公司、欧洲通信卫星公司、加拿大电信卫星公司相比还有很大差距；在中下游企业中，我国也缺少像美国卫讯公司、以色列吉莱特公司、欧洲诺达公司等知名的终端制造商，国内设备制造企业缺少核心竞争力。

2. 国有企业处于主导地位，掌握绝大多数的资源和技术

在我国商业航天产业中，中国航天科技集团有限公司、中国航天科工集团有限公司、中国电子科技集团有限公司、中国科学院等国有企业与科研单位也在不断地进行航天商业化尝试。从最初的对外承揽卫星发射业务开始，逐步发展为整星出口、服务出口。以外贸活动寻求商业化，这几乎是每个国有大型军工企业寻求商业化的必由之路。

国有企业因其对国家的安全负有主要责任，国家逐年对其进行专项投资，使之建立了较为完备的基础设施，培养出了诸多的领军人才，拥有大量的技术专利，为其开展商业航天奠定了良好的基础，使其在市场中处于主导地位。

在运载火箭制造与发射服务领域，中国航天科技集团有限公司处于领先地位，具备大、中、小型运载火箭研制能力，中国航天科工集团有限公司依托相关领域的技术积累，研制了快舟小型运载火箭，积

极抢占小型火箭发射市场；在商业卫星制造领域，中国航天科技集团有限公司也处于领先地位，截至 2019 年 7 月，已完成 13 颗整星出口协议；在卫星通信运营领域，中国航天科技集团有限公司下属的中国卫通在国内市场处于主导地位，使香港亚洲卫星公司、部分国际通信卫星运营商（如国际移动卫星公司）市场份额极小；在商业卫星遥感领域，中国航天科技集团有限公司正在建设的四维商遥遥感卫星星座，将有效地瓜分遥感数据市场。

3. 以政府作为主要的客户，对社会大众开发程度低

在国内，从卫星制造到卫星运营等各个航天产业链，都将政府订单作为最主要的甚至是唯一的用户。由于政府、军队等用户群体被人为设定成非市场模式，航天商业化自然无法展开。

在卫星制造领域，有实力的大型国有企业总是将政府和军队的需求排在首要位置，保成功、保国家任务的思想在企业文化中根深蒂固，缺乏对商业市场的强力开拓。卫星通信行业多年来以政府、大型央企为中心的客户策略，导致营业收入增长缓慢，业务拓展不顺。与此同时，运营商还背上了“垄断利润率最高”的名声。卫星遥感领域更是以国土资源、能源、林业、环境保护、水利、城市规划等政府行业部门为主要客户，市场一直处于发展的初级阶段。

当今世界，主要商品供应充足，消费者力量空前强大。消费者青睐的行业和企业，即使没有政府扶持，也能迅速发展壮大，航天服务同样如此。在这方面，北斗导航对消费市场的重视程度最高，无论是国产芯片还是外国芯片，北斗导航服务已经应用在相当多型号的手机中，正因如此，业界普遍认为，2020 年实现 4000 亿元行业年产值的目标是现实的。

4. 民营公司进军商业航天热情高涨

近年来，国家政策发生了较大变化，产业融合已经成为国家发展战略的重要组成部分，政府鼓励民间资本进入航天领域。2014 年，国务院颁布了《国务院关于创新重点领域投融资机制鼓励社会投资的指导意见》，鼓励民间资本参与国家民用空间基础设施建设，尤其强调要完善民用遥感卫星数据政策。2015 年，《国家民用空间基础设施中长期发展规划》指出，要发展固定通信广播卫星和移动通信广播卫星，同步建设测控站、信关站、上行站、标校场等地面设施，并明确支持民间资本投资卫星研制和系统建设，增强发展活力。2019 年 5 月，国防科工局与中央军委装备发展部发布了《关于促进商业运载火箭规范有序发展的通知》，进一步规范了我国商业火箭产业的发展。

随着政府积极鼓励航天商业化运作并逐步落实相关政策，科研院所、民营企业进入航天产业相关领域的意愿逐渐增强。以百度、阿里巴巴、腾讯为代表的互联网等新兴产业巨头，以零壹空间、天仪研究院为代表的中小企业，以国信基金为代表的社会资本，以及科研院所、高等院校等，纷纷从小型航天器发射、卫星运营等领域着手布局商业航天。

随着市场需求的多元化，原有依靠政府投入的模式将越来越难以为继。为了应对新形势，传统航天企业纷纷转变发展思路，更加注重经济效益，并先后成立了以商业模式运营的四维商遥公司、航天科工火箭技术公司。其中，航天科工火箭技术公司以其低成本和快速发射等优势积极抢占商业航天发射市场。

5. 资本机构日益青睐头部企业

近年来，资本机构大额投资多集中于商业航天头部企业，以推动这些企业上市；而一些具有发展潜力的初创企业，则很少获得资本机构的大额投入，资金相对短缺，难以抵御金融风险，有的企业陷入即将破产的境地。

从对商业航天产业链的投资占比来看，对星箭制造企业的投资占比较大，对航天运营企业的投资占比较小。星箭发射具有轰动效应，通过新闻媒体传播，可促进所投资企业的价值提升，有利于获得投资收益。资本逐利特性造成商业航天投资布局失衡。

由于资本机构对商业航天的认知度低，在进入商业航天领域之前，缺乏对该领域深入系统的研究，对拟投资企业的团队组成、技术能力、供货渠道、市场前景等的评估能力不足。投资方往往对回报要求较高，而航天项目前期投入很大，研发周期较长，回报速度缓慢，因此，成功的商业航天投资案例不多。

（二）存在问题分析

1. 法律法规体系不完善，市场竞争机制不健全

目前，我国在航天立法方面存在空白，尚未形成系统的、有效的商业航天法律法规体系。在世界航天大国中，我国是唯一没有《航天法》的国家，由于缺乏航天母法，商业航天面临无法可依的局面，迫切希望尽快出台过渡性的试行办法，来完善市场竞争机制。虽然有关商业航天的宏观制度越来越多，但总体上还处于指导性文件多于政策、政策多于法律的阶段。

相关的配套政策多分散于各部委颁布的政策法规之中，甚至原有的法律、法规制约了商业航天的发展。例如，卫星广播电视领域，1993 年 10 月，国务院颁布的《卫星电视广播地面接收设施管理规定》，

2013年修订之前，已经实行了20年；作为遥感卫星应用的重要用户，军方和国土资源部、农业部、林业部、水利部等各部委均规划发展自己各自的卫星系统，很大程度上退出了商业采购的市场；部分法规、政策对于国有大型航天企业较为有利，缺乏严格意义上的市场竞争机制。

在国家战略层面，商业航天定位不明确；一些地区发展商业航天缺乏系统规划，存在大规划、小产出，规划前景好、落地效果差等问题；一些航天产业园和产业基地在开发过程中存在定位同质化、盈利模式单一、产业结构失衡等现象；尚没有形成一套被主管部门、安全部门、军方和地方政府都认可的安全机制，来约束民营企业火箭生产、发射过程中的安全行为，在火工品和推进剂管理、火箭发射残骸落点管控和末级钝化及离轨等环节存在一定的安全隐患及风险；部分国内商业航天企业积极参与国际商业航天合作与海外市场拓展，商业航天企业国际化业务的指导性文件尚未出台，政策制定相对滞后。

2. 政府扶持力度有限，难以满足商业航天发展需要

航天产业作为一种高风险、长期投入的高新技术产业，政府扶持对产业健康发展具有不可替代的作用。

近年来，国务院及国家发改委、财政部等相关部委相继出台《国务院关于创新重点领域投融资机制鼓励社会投资的指导意见》《关于2013年组织实施卫星及应用产业发展专项的补充通知》等文件，引导民间资本参与国家民用空间设施建设，研制、发射和运营商业遥感卫星，鼓励开展卫星商业模式应用创新，推动我国卫星及应用产业化发展。以吉林省、武汉市、深圳市为代表的地方政府，也相继出台各种规划、方案支持航天产业发展，并为其辖区内的相关产业进行投资支持，并许以贴息贷款的承诺。但整体而言，政府的扶持力度与商业航天如火如荼的发展形势相比，仍有较大的差距。

政策层面促进产业链开放程度不足。我国的国防工业是从指令性计划起步、逐渐进入市场的，早期形成了每个行业的主管部门，如航空部、航天部、兵器部、电子部等。政府主管部门随改革逐步变为每个行业的国企并成为该行业的主力，任务分工多为行政划分，并要保证行政体系内企业的生存，先内后外，形成了大而全、小而全的特点，国家资本投入自然倾向于国企。从国家政策而言，为促进商业航天发展，需要减少行业壁垒，允许航天企业进入其他行业，其他非国有企业也能进入航天行业。中央要求产业融合，激活产业活力，使具有先进技术的制造企业进入，克服小而全、大而全造成的弊病，避免重复投入。国企是国家投资的经济实体，内部的恶性竞争是对国有资产的不负责任，但也需要引入内部创新、良性竞争的动力，带动产业发展，提升国际竞争力，加快航天强国建设。还要研究政策，给国企松绑，使之能减少束缚，按市场变化调整产业链。从企业发展而言，企业要形成和提高自己的核心能力，根据自身基础和实力，准确定位自己在产业链所处的环节，评估自身长于设计、制造、运营的哪一部分，但无论处在哪一环节，都需要培育自身的核心竞争力。同时，要解放思想，善于运用市场观念，注重以价值链分析等方法优化产业链，要重视知本，使之强强结合，从而加强产业链的增值能力。在一些市场经济发达的先进国家，由于其基础工业发达，一些企业专注于某些特定领域的局部，并能将其做大做强，能够充分保证产品进度与产品质量，这些外部环境使航天产业链易于重构。为了形成这样的工业环境，就需要在政策和机制等多个层面提供保障。

3. 政府监管缺乏抓手，未经系统整合优化

作为政府监管的强有力手段，准入机制在商业航天发展过程中具有不可替代的作用。在航天领域，运载火箭与卫星研制，卫星发射，地面设备建设，通信、遥感、导航卫星运营与服务等，都需要取得相应的资质。但目前，企业评价手段不尽合理，尚未形成有效的准入评价机制；已取得资质的企业，存在相应资质不配套、缺失及结构不合理情况,行业整体运转状态混乱,政府的监管能力并未有效地发挥作用。

以开放程度最高的固定通信卫星运营与服务领域为例，目前国内具有卫星通信运营资质的企业有中国卫通、中国电信、中国联通三家。

但中国卫通只拥有空间段运营资质，不具备地面网络运营资质，也就是只能经营卫星到地面终端这一段。中国联通则缺乏空间段运营资质,不能经营卫星转发器出租业务。中国电信是唯一拥有空间段运营、一般电信业务运营、互联网通信业务三张牌照的企业，因此只有中国电信具有天地贯通的网络经营资质，但中国电信并没有发射自己的卫星，而是采用租赁方式开展业务。中国联通和中国电信都以地面业务为主，对卫星通信的定位主要是应急通信和新业务，属于较为边缘化的业务。

4. 技术水平依然落后，产品性能与国外存在一定差距

航天作为一种多学科交叉的高新技术产业，需要诸多先进技术的综合集成。但在国际上，以美国为主导的国际体系对中国采取了严密的技术封锁，给我国开展对外技术合作、借鉴国外先进技术和经验带来了严重的阻碍，诸多制约航天技术的问题得不到根本解决，数字化设计、综合试验验证、先进制造工艺等核心能力不强，核心元器件、关键原材料仍然受制于人。

在通信卫星领域，诸多关键元器件需要高价进口，研制的卫星平台性能与国际先进水平存在较大差距，导致通信卫星造价偏高，服务质量有待进一步提升，所提供的相关服务与国外相关企业相比处于劣势；在移动通信卫星领域，我国依赖国外卫星移动通信运营商长达 30 年之久，直到 2016 年 8 月，天通一号 01 星成功发射，这种境况才得以缓解；卫通通信终端产品，技术发展水平落后，国内 VSAT 产业长期被吉莱特、休斯、iDirect 等国际企业霸占，迄今为止，国内企业能够提供整套 VSAT 产品的只有航天恒星一家。

在遥感卫星领域，应用技术发展水平落后，与国际先进水平存在较大差距，民用的亚米级高分辨率卫星高分二号 2014 年 8 月才发射升空，2015 年 10 月发射的吉林一号星座作为我国纯商业化的卫星，其分辨率只有 0.72m，而同一时期，美国对外出售的商业卫星数据分辨率已达到 0.3m。在遥感卫星这种不断追求高分辨率的领域，我国航天企业发展始终处于一个弱势的竞争地位，国内市场长期被美国数字地球公司和欧洲空客防务与航天公司占据，对我国商业航天的发展形成了极其严重的阻碍。

5. 商业航天发射、测控环节存在瓶颈

经过多年发展，我国已形成布局相对合理、设施基本完善、功能比较齐全的航天发射场布局，建设了酒泉、太原、西昌和文昌 4 个航天发射场。但是，拥有发射工位的数量远远少于美国和俄罗斯。

而且，现有航天发射场在商业发射适应性方面还有一定差距。现有的航天发射场归军方管理，主要以保障国家航天发射任务为主。商业航天发射属于市场行为，具有临时性强、灵活度高、变化性大等特点，现有航天发射场受政策影响，难以满足未来高密度、高频次、灵活度

高的商业航天发射需求。

商业航天发射场和商业航天发射工位的建设审批难度大、周期长、进展慢，国内商业航天发射的相关法规、政策还有待出台、完善，市场化程度不高，民商力量、社会资本介入程度相对较低。

在民营商业航天公司出现之前，我国的火箭和卫星测控全部由国家航天测控部门提供。国家航天测控部门的定位是保障国家战略安全和政府航天项目的有序运行，航天测控站主要依靠国家财政资金保障日常运营，商业航天测控活动的保障力量不足。

随着商业航天的快速发展，部分商业卫星的测控需求需要由商业化的航天测控公司来提供。在这样的背景下，我国的商业航天测控公司从 2015 年开始陆续成立，并为各类商业卫星、科普卫星提供测控服务，开启了对航天测控商业化模式的有益探索。但是，目前商业航天测控公司在国内建设的测控站还存在无序建设、资源分散、兼容性差等问题。

商业航天测控公司在国外建设地面站面临的不确定性更高。国际形势的变化对海外测控站的建设和使用影响很大，受所在国法律法规和行政管理规范制约，海外测控站的建设期和使用期均存在较高的不确定、不可控、不可用风险。

四、对我国商业航天高质量发展的措施建议

（一）加快航天立法进程，健全法律法规体系，促进商业航天有序发展

目前，我国在航天领域的立法存在欠缺，国家层面的航天法律法规体系建设严重滞后，有关商业航天的法律更是空白。中国航天企业

在签订国际商业发射合同时，由于没有国内法作为依据，只能选择外国相关法律作为准据法，用来解决保险及损害赔偿等问题。

针对航天立法，要加强部门之间的协调，梳理《航天法》立法进程中存在的矛盾和问题，以改革发展推动航天法治化建设，按照"分步推进，急用先行"的原则，加快推动《航天法》的立法进程。

通过航天立法，加强对商业航天活动的引导，建立商业航天市场准入退出机制、公平竞争机制、保险与赔偿机制、安全监管机制等，创造有序、良性竞争的市场环境。同时，为商业航天企业提供比政策更为稳定和持续的法律支持。

（二）发挥政府引导作用，将商业航天纳入国家战略规划

科学做好商业航天产业发展顶层设计。商业航天属于战略性新兴产业，需要确定国家层面的战略定位，在国家中长期发展规划、五年发展规划，以及其他航天发展规划、计划中，明确商业航天的发展目标、主要任务、重点项目、发展路径和支持政策等。制定商业航天市场运行规则和行业规范，以及相关的财税、金融、人才、保险等配套政策，促进商业航天产业发展。

吸纳各类企业参与商业航天发展。在保障国家安全和符合国家总体规划的前提下，鼓励、支持并规范商业航天企业参与国家航天项目，采用市场化手段吸纳民营企业参与航天产品研发、制造、运营、应用等环节，扩大商业航天的参与主体；鼓励各类企业自筹经费开展商业航天项目，积极争取用户采购相关产品与服务。

坚持市场主体地位平等原则。完善政策，系统谋划，整体布局，综合施策，提升发展商业航天的魄力和能力，推动商业航天健康、快速发展；建立准入许可固化评估流程，创新卫星频率轨位资源协调机制；

鼓励商业航天企业研究国际航天成熟行业标准，将其转化为国内商业航天标准，确保商业航天产品的质量。

促进商业航天领域产业融合。加快航天知识产权转化，为航天军工企业与民营企业搭建知识产权服务平台，促进航天知识产权的应用；分步推进航天军工企业研发与试验能力向社会开放，实现航天军工企业与民营企业、社会机构的资源共享，充分利用现有基础设施能力服务商业航天发展；鼓励卫星制造商、卫星网络运营商、民间资本方、应用需求单位等开展深入合作，结成产业联盟，形成特色产业园，共同开拓航天应用服务市场。

（三）规范商业航天监管，营造良好市场环境

明确商业航天监管职责。政府、军方要明确对商业航天的监管主体，建立军地跨部门、跨领域的监管机构，落实监管职责，促进商业航天市场的有序发展；制定商业航天准入标准，建立商业航天企业信用体系，形成统一规范的商业航天管理系统；实施准入负面清单制度，简化各类许可流程，保障市场公平有序竞争；加强对商业航天的全过程管控，明确商业航天企业的责任、义务，制定违规处罚管理办法。

适度放宽商业航天政策。逐渐放宽商业航天发射审批标准，探索建立备案制与审批制相结合的商业航天发射许可制度；将低轨资源适度向商业卫星开放，简化微小卫星审批程序，放宽审批要求，降低频率轨道申请门槛；适度减少卫星应用产业限制，允许符合条件的商业航天企业运营卫星应用服务业务；鼓励高科技航天产品出口，根据需要放宽卫星出口与数据产品销售政策。

创新航天产业投融资模式。运用市场机制，推动形成政府引导、社会参与的商业航天产业多元化发展格局；在政府主导的航天项目中，

大力推广政府与社会资本合作模式，引导民间资本参与航天基础设施建设与运营，形成多元化的航天投资机制；鼓励市场主导的商业航天活动，加大航天发射、应用服务等产业的商业化程度；鼓励金融机构参与航天科技产业化，完善航天保险、风险基金和金融服务业，建立多元化的商业投资环境。

（四）增强商业航天基础能力，提高航天产品市场竞争力

加大航天基础领域投入。目前，中国航天在技术、产品及管理等方面与国际先进水平相比还有不小差距，商业航天的技术基础和市场基础更为薄弱。一方面，国家要在原材料、元器件、设计技术、制造工艺、产品可靠性等基础领域加大投入，提高航天器设计和制造水平，提高产品成熟度，提升市场竞争力；另一方面，国家应制定鼓励民营资本进入航天领域的政策，通过优惠政策拉动和商业航天项目牵引，吸引民营企业、民间资本投资航天，加强商业航天基础能力建设，推动商业航天企业市场化运营。

提高航天产品核心竞争力。利用商业航天市场的发展，带动运载器和航天器的核心技术研发，并进行通用化、标准化设计，构建商业货架产品体系，降低研制成本，提升航天产品的核心竞争力；支持发展固体运载火箭、低轨移动通信卫星、商业遥感卫星、科学试验卫星等服务于市场的商业航天产品；重点开拓空间信息应用市场，提高商业航天的供给能力。

增强航天技术与应用创新能力。发挥航天军工企业科研设施、专业团队、技术积累等优势，鼓励传统航天企业建设以科技人员为核心、以成果转化为主要内容的“双创”平台；推动航天军工企业、地方政府和民营企业在商业航天领域的协同创新，构建航天技术创新联盟和

产业联盟。

提升航天产品制造能力。变革传统星箭研制和生产模式，加快建设先进制造基础设施，构建星箭批量化生产工艺流程，按照标准化、模块化设计理念，通过流水线方式进行星箭批量生产与组装，提高生产效率，降低研制成本；在测试方法和管理流程上，通过自动化设计，使星箭研制周期、生产成本更贴近用户需求，生产出中高端、多功能、高性价比的星箭产品；优化元器件供应链，引入适用的工业级元器件，进行可靠性加固，通过演示验证和飞行验证，测试空间应用的可行性与可靠性，为提高产品性能、降低研制成本奠定基础。

（五）用好、建好商业航天基础设施，疏通产业链瓶颈

盘活存量资产。选取国家现有发射场或发射工位，开展商业租赁试点，在确保国家安全和保密的前提下，向具备资质的商业航天企业提供发射服务，并由商业航天企业承担所租发射场或发射工位的改造、运行和管理成本。

新建商业航天发射场和测控系统。由于现有的航天发射场和航天测控系统主要以保障国家航天发射任务为主，难以满足商业航天的发展要求，需要建设适应商业航天项目的商业航天发射场和测控系统，以减少与国家航天发射任务的冲突，保障商业航天项目发射、运营的及时性，降低项目成本，提高工作效率，增强商业航天项目的市场竞争力。鼓励军民商共建商业航天发射场及测控设施，明确建设主体和运营监管主体，在风险可控的前提下进行商业化运营。

第五章
大型国有企业商业航天的发展与思考

随着太空探索公司、蓝色起源公司等国外商业航天公司的兴起，商业航天这一新形式正式进入公众视野。国内商业航天公司逐渐兴起，商业火箭公司包括科工火箭、零壹空间、蓝箭航天、星际荣耀、中科宇航、东方空间、零和动力等，商业卫星公司包括九天微星、天仪研究院、零重空间、微纳星空等，除此之外还有专注商业测控的公司诸如航天驭星、牧星人、宇航智科等，专注航天文娱产业的公司航天创客等。传统航天企业也纷纷加入商业航天的角逐，有中国航天科技集团有限公司、中国航天科工集团有限公司和中国科学院下属单位或成立的商业航天子公司。

在我国商业航天公司呈现井喷式发展的背后，离不开相关行业的支持。我国政府从 2014 年起开始出台一系列政策支持商业航天公司的发展，国务院于 2014 年 11 月发布《国务院关于创新重点领域投融资机制鼓励社会投资的指导意见》，鼓励民间研制、发射和运营商业遥感卫星，引导民间资本参与卫星导航地面应用系统的建设，国家放开民营资本参与航天产业的限制。国家发改委于 2014 年 11 月发布《国家发改委关于加快国家高技术产业基地创新发展的指导意见》，提出建设航天领域的一批高技术产业基地，随后西安、武汉、重庆等地相继成立航天产业基地。2015 年以后，相关部门继续出台鼓励发展商业航天政策，工信部和国家航天局发布《国家民用空间基础设施中长期发展规划（2015—2025 年）》，国家发改委发布《关于实施制造业升级改造重大工程包的通知》等。

地方政府资本和民间资本投资商业航天领域，支持商业航天公司发展。重庆市政府通过设立基金投资零壹空间；武汉市政府通过设立基金、给予优惠政策、建立航天产业园等方式吸引了科工火箭等商业航天公司的入驻；长沙市政府则投资天仪研究院，吸引天仪研究院将卫星制造厂房设立在长沙；烟台市政府启动东方航天港项目，与中国运载火箭技术研究院签订合作协议，共同建设商业固体运载火箭烟台产业基地，在山东省历史上首次实现固体火箭总装制造能力“零的突破”，以东方航天港重大工程为依托，全力打造国内首个集海上发射、星箭产研、卫星应用、配套集成、航天文旅等全产业链于一体的产业融合商业航天产业集群。民营资本方面，中信和复星等投资星际荣耀，中金公司等投资零壹空间，君联资本等投资天仪研究院，天奇阿米巴资本和君紫资本等投资九天微星，专门投资航天领域的天使轮投资基金创想天使投资基金则投资蓝箭航天、微纳星空等。

一、商业航天产品与服务

经过几十年的长足发展与开拓进取，以中国航天科技集团有限公司为代表的航天大型国有企业形成了以运载器制造、航天器制造以及航天技术应用为主体的航天业务体系，为商业航天发展打下了坚实基础。

（一）火箭型谱日趋完善

中国航天科技集团有限公司的运载火箭技术起步于20世纪50年代，至今共研制了15型长征系列运载火箭，具备发射低、中、高不同轨道，不同类型卫星及载人飞船的能力。

1. 长征二号丙

长征二号丙运载火箭（CZ-2C）由中国运载火箭技术研究院研制，是一种两级常规液体运载火箭，采用四氧化二氮/偏二甲肼作为推进剂，主要用于发射低轨和太阳同步轨道卫星。火箭全长43m，箭体与整流罩直径均为3.35m，起飞质量约245t，近地轨道运载能力4.0t。

2. 长征二号丙改

长征二号丙改运载火箭（CZ-2C/SMA）由中国运载火箭技术研究院研制，是一种三级常规液体火箭，是在长征二号丙火箭的基础上增加了新研制的三轴稳定固体上面级和双星适配器，主要用于太阳同步轨道卫星的发射。火箭全长43m，一、二子级直径3.35m，卫星整流罩最大直径3.35m，起飞质量245t，700km太阳同步轨道运载能力2.1t。

3. 长征二号F

长征二号F运载火箭（CZ-2F）由中国运载火箭技术研究院研制，是在长征二号捆火箭的基础上，按照发射载人飞船的要求，以提高可靠性、确保安全性为目标研制的运载火箭，可靠性超过97%，主要用于发射神舟飞船和大型目标飞行器到近地轨道。火箭全长58.4m，一、二子级直径3.35m，起飞质量约480t，可以把8.8t的有效载荷送入近地点200km、远地点350km、倾角42°的近地轨道。

4. 长征二号F改

为适应载人航天二期工程发射货运飞船和目标飞行器的要求，对长征二号F运载火箭进行了改进，形成长征二号F改运载火箭。长征二号F改运载火箭包括两种状态，即发射飞船状态和发射目标飞行器状态。

5. 长征三号甲

长征三号甲运载火箭（CZ-3A）由中国运载火箭技术研究院研制，是将长征三号火箭2.25m直径的氢氧三子级替换为3m直径、采用两台8t氢氧发动机的氢氧三子级，具备了大姿态调姿能力，任务适应能力更强。火箭全长52.5m，一、二子级直径3.35m，三子级直径3.0m，卫星整流罩最大直径3.35m，起飞质量243t，GTO运载能力2.65t。主要用于发射地球同步转移轨道有效载荷，也可以运载低轨道、极地轨道或逃逸轨道的有效载荷。

6. 长征三号乙

长征三号乙运载火箭（CZ-3B）由中国运载火箭技术研究院研制，是在长征三号甲火箭的基础上，捆绑四枚液体助推器组成，主要用于发射地球同步转移轨道卫星，亦可进行一箭多星发射或其他轨道卫星的发射，也是中国用于商业卫星发射服务的主力火箭。火箭全长56.33m，一、二子级直径3.35m，助推器直径2.25m，三子级直径3.0m，卫星整流罩最大直径4.2m，起飞质量426t，地球同步转移轨道（GTO）运载能力5.2t。

7. 长征三号丙

长征三号丙运载火箭（CZ-3C）由中国运载火箭技术研究院研制，是在长征三号乙运载火箭基础上减少两枚助推器形成的火箭，主要用于发射地球同步转移轨道卫星。火箭全长54.8m，卫星整流罩最大直径4.2m，起飞质量343t，地球同步转移轨道（GTO）运载能力3.8t。

8. 长征二号丁

长征二号丁运载火箭（CZ-2D）由上海航天技术研究院研制，是一种二级常规液体推进剂运载火箭，是在长征四号甲火箭基础上减少常规液体三子级，并进行适应性改进形成的火箭，主要用于发射近地轨道卫星。火箭全长 41m，箭体直径 3.35m，起飞质量 250t，近地轨道运载能力 4.0t。

9. 长征四号乙

长征四号乙运载火箭（CZ-4B）由上海航天技术研究院研制，是常规液体三级火箭，是在长征四号甲火箭的基础上改进而成，主要用于发射太阳同步轨道卫星。火箭全长 48m，一、二级直径为 3.35m，三级直径为 2.9m，起飞质量 250t，太阳同步转移轨道运载能力 1.9t。

10. 长征四号丙

长征四号丙运载火箭（CZ-4C）由上海航天技术研究院研制，是常温液体三级运载火箭，是在长征四号乙火箭基础上，增加了三子级二次启动能力，主要用于发射太阳同步轨道卫星。火箭全长 48m，一、二级直径为 3.35m，三级直径为 2.9m，起飞质量 250t，太阳同步转移轨道运载能力 2.8t。

11. 长征五号

长征五号运载火箭（CZ-5）是由中国运载火箭技术研究院研制的大型新一代低温液体运载火箭，主要用于发射地球同步转移轨道卫星。长征五号火箭为两级半火箭，一级采用 5m 直径模块，采用两台 50t 级氢氧发动机，助推器采用 4 个直径 3.35m 模块，每个模块配置 2 台 120t 级液氧煤油发动机，芯二级采用两台 9t 新型膨胀循环氢氧发动机作为主动力。全箭总长 56.97m，起飞质量约 867t，地球同步转移轨道（GTO）运载能力达到 14t。若减少二子级，可形成长征五号火箭的一级半状态火箭，其近地轨道运载能力为25t。

12. 长征六号

长征六号运载火箭（CZ-6）是由上海航天技术研究院研制的新一代小型低温液体运载火箭，主要用于发射太阳同步轨道卫星。它的一子级直径为3.35m，采用一台推力为120t级的液氧/煤油发动机，二子级直径2.25m，采用一台推力为18t级液氧/煤油发动机，三子级直径为2.25m，采用一台推力为6.5kN的常规推进剂主发动机。全箭总长29.932m，起飞质量约102t，但在国内测控范围内，该方案火箭700km太阳同步轨道（SSO）运载能力约为0.5t。长征六号火箭具备适应简易设施发射的能力，可实现快速发射，同时兼顾现有基地固定塔架发射和未来海南发射场活动平台发射能力。

13. 长征七号

长征七号运载火箭（CZ-7）为中型二级四助推液体火箭。共有两个方案，载货用火箭总长53.1m，载人用火箭总长59.4m，载货方案火箭整流罩直径4.2m，载人方案用整流罩直径3.8m，载货用火箭起飞质量593t，载人方案火箭起飞质量597t，两方案起飞推力均为735t。按轨道高度200/400km、轨道倾角42°计算，载货方案火箭运载能力不低于13.5t（海南发射），载人方案运载能力不低于11.5t（酒泉发射）。火箭进行有效载荷太阳同步轨道（SSO）发射，700km太阳同步轨道运载能力5.5t。

14. 长征八号

长征八号运载火箭是新一代中型两级液体捆绑式运载火箭。一子级以液氧/煤油作为推进剂，采用两台YF-100发动机；二子级以

液氢 / 液氧为推进剂，采用两台 YF-75 发动机，具备二次启动能力；捆绑 2 个 2.25m 直径液体助推器，以液氧 / 煤油作为推进剂，各采用一台 120t 级推力的 YF-100 发动机。火箭可从文昌航天发射场和酒泉卫星发射中心发射。全箭总长 50.3m，芯一级直径 3.35m，二级直径 3m，单个助推器直径 2.25m，火箭起飞质量约 356t，主要用于发射近地轨道或太阳同步轨道有效载荷，可以将 5t 的有效载荷送入 700km 太阳同步轨道。

15. 长征十一号

长征十一号运载火箭（CZ-11）是中国运载火箭技术研究院研制的四级全固体小型火箭，主要用于快速机动发射应急卫星。其一级采用新研制的 120t 大推力固体火箭发动机，二、三级发动机采用成熟型号的二、三级发动机，四级采用风云二号远地点固体发动机改制。固体运载火箭箭体最大直径 2m，火箭全长约 21m，总质量约 58t，具有 500km 太阳同步轨道（SSO）500kg 和 300km 低地球轨道 700kg 的运载能力。接到任务命令后，24 小时内完成星箭技术准备和发射任务，其中在发射点的发射准备时间不大于 1 小时，具备“日发射”能力。

16. 捷龙一号

捷龙一号运载火箭是由中国运载火箭技术研究院所属中国长征火箭有限公司运用纯商业模式打造的首型运载火箭。捷龙一号火箭为四级固体发动机串联的总体构型，总长 19.5m，箭体直径 1.2m，起飞重量约 23.1t，700km 太阳同步轨道运载能力不低于 150kg。该火箭生产周期仅需 6 个月，24 小时内就能完成发射准备，可适装 1.2m 和 1.4m 直径卫星舱，满足用户“一箭一星”或“一箭多星”的发射需求。

（二）卫星系统多领域发展

中国航天科技集团有限公司从2005年开始实施宇航产品体系建设，随着型谱建设、成熟产品定型、生产线建设与认证等工作稳步推进，部分卫星产品逐步实现规格研制、批量生产，进而为缩短型号研制周期、改善研制效益、提高型号质量与可靠性、加速技术进步发挥了重要作用。

人造卫星种类繁多，分类方法各异，按轨道高度可分为低轨道卫星、中轨道卫星、高轨道卫星；按轨道类型分为太阳同步轨道卫星、地球同步轨道卫星、大椭圆轨道卫星、极轨道卫星和回归轨道卫星等；按是否返回地球可分为返回式卫星和非返回式卫星；按质量可分为大卫星和小卫星；按任务性质可分为应用卫星、科学卫星和技术试验卫星，其中应用卫星按用途还可进一步分为对地观测（遥感）卫星、通信广播卫星、导航定位卫星。

1. 对地观测（遥感）卫星

对地观测卫星又称地球观测卫星，是用于观测地球及其大气层的人造地球卫星。对地观测（遥感）卫星系列种类很多，如资源卫星、气象卫星、海洋卫星、环境与灾害监测卫星和军事侦察卫星等。星上装有各类遥感设备（如相机、辐射计、雷达等），收集来自地球的陆地、海洋、大气层各种波长的电磁波辐射信息。然后对获取的信息进行分析，以识别物质的性质和状态。这种观测视野广阔，不受地理位置和国界的限制，可以迅速获取大面积、甚至全球性的动态变化。我国形成了以“资源”“风云”“海洋”命名的卫星系列。

资源卫星是用于勘测和研究地球资源的人造卫星，这类卫星利用星载遥感器获取地物目标辐射和发射的多种波段的电磁波信号，并将这些信号发送给地面。地面应用系统根据已掌握的各类物质的波谱特性，对信息进行处理和判读，可以得到各类资源的特征、分布和状态等资料。我国还研制了多颗其他资源系列卫星，涵盖了光学成像等不同类型，实现了分辨率的科学搭配。典型代表如中巴地球资源卫星。

气象卫星是用于气象观测的人造卫星。此类卫星携带各种气象遥感器，能够接收和测量地球及其大气层的可见光、红外和微波辐射，并将这些信息发送给地面。地面应用系统将这些信息进行一系列处理和分析，就可获得各种气象资料。到目前为止，我国已成功研制并发射了风云一号、二号、三号气象卫星，通过风云三号A、B星的组网，进一步提高了中国气象观测能力和中期天气预报能力，并且已被世界气象卫星组织纳入全球业务气象卫星观测网，体现了中国对全球地球观测系统的重要贡献，大大提升了中国气象事业的国际地位。

2016年11月发射的风云四号静止轨道气象卫星可提高对大气的观测精度、观测频率和观测灵活性，提高短期天气预报的准确率，从而使中国气象卫星达到国际领先水平。

海洋卫星是专门用于观测和研究海洋的人造卫星。携带的海洋遥感器能够接收海洋辐射和发射的各种电磁波信息，并发回地面，经处理后可以获取反映海洋现象的各种重要信息。2002年至今，我国已研制发射了多颗海洋卫星，为海洋生物资源合理开发利用、沿岸海洋工程、河口港湾治理、海洋环境监测、环境保护等提供科学依据和基础数据。海洋卫星研制将按照系列化的方向不断发展。

环境与灾害监测卫星体系是由2颗光学遥感小卫星（环境一号A/B星）和1颗雷达小卫星（环境一号C星）组成的环境一号星座（2+1）

系统，可全天时、全天候对地观测，可以迅速准确地获取灾害和环境信息，及时、全面掌握自然灾害和环境污染的发生、发展和演变，为环保提供科学的决策依据，提高综合减灾和环境保护能力。

军事侦察卫星是用于获取军事情报的卫星，利用光电传感器或无线电接收机等侦察手段，从地球轨道上对目标实施侦察、监视和跟踪，以搜集地面、海洋或空中目标的情报。根据不同任务和设备，又分为成像侦察卫星、电子侦察卫星、海洋监视卫星和预警卫星等。

2. 通信广播卫星

通信广播卫星是用于中继无线电通信信息的人造卫星，它通过转发无线电通信信号，实现异地地球站间或地球站与航天器之间的通信。一颗静止轨道通信卫星大约能够覆盖地球表面 40% 的面积，在覆盖区内的任何地面、海上和空中的地球站能同时实现相互通信。数颗同步通信卫星和地面站即可组成全球卫星通信系统。我国形成了以“东方红”命名的通信卫星系列，现已研制发射多颗东方红四号系列通信卫星：鑫诺二号、中星 6 号 A、中星 10 号、中星 11 号、委内瑞拉通信卫星、巴基斯坦通信卫星、玻利维亚通信卫星等。

3. 导航定位卫星

导航定位卫星是通过发射无线电信号为用户提供导航定位和授时服务的人造卫星。导航定位卫星直接向地面、海洋、空中和空间用户提供精确的位置、速度和时间等导航定位信息，一般由多颗卫星组成导航卫星网，实现全球和近地空间的立体覆盖。它主要采用时间测距定位原理。可对车辆、船舶、飞机、导弹、卫星、飞船等各种用户进行全天候、实时、高精度的三维定位测速和精确授时。我国形成了以“北斗”命名的卫星系列，已成功发射 55 颗北斗导航卫星，将向全球提供高精度、高可靠的定位、导航与授时服务，并可提供短报文通信、双向授时等授权服务。

4. 科学卫星和技术试验卫星

科学卫星是用于科学探测和研究的卫星，主要包括空间物理探测卫星和天文卫星。技术试验卫星是进行新原理、新技术、新方案、新仪器设备和新材料等技术试验或为应用卫星进行试验的卫星。

在中国国家航天局和欧洲空间局的共同支持下，为了研究太阳活动、行星际扰动触发磁层空间暴和灾害性地球空间天气的物理过程，为空间活动的安全以及人类生存环境的维护提供科学数据和相应对策，我国分别于2003年12月30日和2004年7月25日先后发射了“探测一号”“探测二号”两颗卫星。

我国形成了以“实践”命名的技术试验卫星系列。

（三）卫星应用主要业务逐渐清晰

中国航天科技集团有限公司卫星应用产业发展秉承“聚焦主业、归核发展；培育重点，扶优扶强；创新驱动，转型升级”的思路。

1. 主要业务及产品

卫星应用主攻方向的内涵主要是指发挥中国航天科技集团有限公司天地一体化优势，将应用卫星的技术成果直接应用于国民经济各领域，主要包括卫星地面应用产业与设备、卫星运营服务以及空间环境应用产品等业务。卫星应用主攻方向的核心业务及重点产品如下。

卫星导航应用产品与设备方面，主要推动基于北斗导航的综合信息应用服务系统建设，重点开发多模OEM板、个人移动信息终端芯片等导航模块和核心芯片；开发高动态多模接收机、抗干扰接收机、数字化综合终端、平台姿态精确测量终端、数字化减灾终端、RNSS授时接收机等特色导航终端产品；研发高精度卫星导航信号模拟与检测平台；打造融合卫星导航技术、网络与通信技术和地理信息技术的综合位置服务平台，开发了国内领先的导航电子地图产品，拓展了动态交通信息、乘用车与商用车车联网等新位置服务领域。

卫星通信应用产品与设备方面，主要构建新型应急机动指挥通信系统，重点开发S移动终端、卫星广播接收终端、宽带大容量卫星通信终端、户外单元设备等各类终端产品；开发VSAT系统、动中通/静中通、便携站及中近程无人机等系统级产品。拥有世界先进的通信卫星、广播卫星和直播卫星网络与空间段资源，通过自建、合作、兼并重组等手段，逐步完成对覆盖全球、全频段卫星网络的搭建，增强我国在空间段的战略资源，成为全球仅有的几个全覆盖、全频段卫星网络之一。

卫星遥感应用产品与设备方面，完成陆地资源卫星等遥感卫星地面系统的建设，重点开发新型卫星遥感地面接收站及地面运行管理与设备监控软件平台；重点研发卫星遥感数据处理分发系统级产品，建设卫星遥感数据处理像素工厂。在遥感数据服务方面，通过在轨运行的多颗国产遥感卫星，可以面向用户提供全天候、全天时、全球和高时间分辨率、高空间分辨率的各类遥感数据供应服务和遥感增值服务。

空间环境应用产品方面，重点依托航天空间生物诱变技术能力和空间搭载资源、空间环境模拟试验装备等条件，面向生物医药、生物保健、良种培育等领域，开发生物原料药、生物保健品以及航天工程育种等产品。

2. 主要公司

目前，中国航天科技集团有限公司下属从事卫星应用的公司主要包括中国东方红卫星股份有限公司、中国卫通集团股份有限公司、中国四维测绘技术有限公司等（见表 32）。

表 32　中国航天科技集团有限公司下属卫星应用公司

序号	公司名称	隶属单位	主要产品
1	中国东方红卫星股份有限公司	中国空间技术研究院	地面站系统集成、卫星导航、卫星通信、卫星遥感、信息传输与图像处理等五大领域 20 多类产品
2	中国卫通集团股份有限公司	中国航天科技集团有限公司	为用户提供广域数据传输服务，电视节目及广播节目的安全播出和抢险救灾、突发事件等应急通信保障服务，为电信、金融、交通等重点领域提供专属通信服务
3	中国四维测绘技术有限公司	中国航天科技集团有限公司	测绘及航空遥感地理信息产品、卫星影像技术服务等
4	中国资源卫星应用中心	中国航天科技集团有限公司	民用遥感卫星大型地面系统设施、遥感数据产品
5	航天恒星科技有限公司	中国东方红卫星股份有限公司	卫星遥感与综合应用、卫星通信、卫星导航、信息传输与处理、卫星综合运营服务
6	航天恒星空间技术应用有限公司	中国东方红卫星股份有限公司	卫星导航、卫星通信、数字微波通信、无线图像传输技术、产品研发和产业化发展研究
7	航天长征火箭技术有限公司	航天时代电子技术股份有限公司	导航定位、高精度测量、测向测姿、精密授时等应用领域的关键技术研究、产品开发和系统解决方案
8	神舟生物科技有限责任公司	航天神舟生物科技集团有限公司	辅酶 Q10 原料药、糖化酶等生物发酵产品的研发、生产和销售
9	北京东方红航天生物技术股份有限公司	航天神舟生物科技集团有限公司	以空间生物制品、生物医药、保健食品为核心的生物产品研发、生产和销售

3. 卫星应用牵引商业航天产业发展

卫星产业占据商业航天主导地位，卫星应用是卫星产业链、价值链的关键环节，以应用需求牵引商业卫星制造，可进一步提高卫星产业经济效益和社会效益，以卫星互联网为代表的星座组网带来卫星需求急剧增加，成为当前商业航天市场的主力军。国家近期出台了促进卫星应用产业发展的政策，鼓励移动通信、宽带互联网接入、导航增强、物联网等领域采用卫星应用技术，进一步推动卫星移动通信、卫星互联网、天基卫星导航、卫星物联网等商用空间基础设施建设。随着技术不断发展，政府支持力度加大，通信、导航、遥感卫星应用场景更加多样，民用市场可拓展空间将更加广阔，进一步促进商业卫星制造，进而促进商业航天产业发展。

4. 促进卫星综合应用

卫星综合应用是满足用户多样化需求的重要手段和途径。商业卫星应用企业的发展，还需围绕用户需求，从提供单一领域产品转变为提供满足用户多样化需求的综合应用服务。这就需要不同卫星应用领域企业强强联合，加强合作，协同创新，依托各自专业优势，打造具有核心竞争力的卫星综合应用系统方案。同时，培养具有专业知识体系和综合能力的复合型人才，形成支撑产业发展的软实力。

5. 打通卫星应用关键环节

卫星地面终端技术是卫星创新应用增长的关键，也是打开商业应用市场的钥匙。打破行业壁垒，让卫星数据信息深度融合，通过智能移动终端导航、遥感、通信、定位等多功能技术融合是实现卫星深度应用的关键。国家发展战略需要和行业发展需求都离不开通信、导航、遥感应用。卫星数据需要从重点应用于独立的业务科研部门转换为各行业、各部门、每个科技人员都能方便获取和使用卫星数据信息，实现多星、多源、多种遥感数据的融合，共建共享；拓展大众应用市场，突破关键技术，不断深度开发应用场景。

6. 打通卫星应用的“最后一公里”

打破行业壁垒，让卫星数据信息深度融合，打通卫星深度应用的“最后一公里”。国家发展战略需要遥感提供智慧力量，各行业的通信、导航、遥感应用同样需求旺盛。生态文明建设、一带一路倡议、产业融合发展、科学防灾减灾等任务都需要遥感技术和数据支撑。打破信息壁垒，深度开发应用，鼓励商业航天企业与政府需求部门深度合作，实现卫星数据服务与行业需求匹配。

（四）地面设备制造业基础不断强化

中国航天科技集团有限公司所属航天恒星科技有限公司是我国卫星地面设备知名制造商。该公司可提供卫星宽带通信系统产品、Anovo卫星通信系统，以及车载、背负式卫星通信便捷站；“静中通”“动中通”卫星通信车；机电伺服随动天线等产品。覆盖多频段、多种形式的单元天线产品，形成了覆盖天、空、地多种应用环境的天线型谱。面向导航应用，还能提供数字化综合应用终端、高精度测量基准站终端、卫星导航信号模拟器等产品。中国航天科技集团有限公司所属中国卫通公司推出了“MarineTel海星通”品牌，用于海上VSAT宽带卫星通信服务，可满足全球远洋航运和海上油气平台数据实时回传、互联网接入、音/视频传输等卫星通信服务需求。

（五）资产经营和资本运作整体向好发展

资产经营是以企业资产为对象，以实现资产增值和利润最大化为目标，通过收购、兼并、股权融资、债权融资、资产剥离、资产整合重组、产权置换、股份回购等方式，对企业资产进行运营的活动。通过资产经营活动的有序开展，可以促进企业内部资源的系统性整合，有效利用外部资源，优化资产结构，扩大产业和资本规模，拓展产业链，分散经营风险。

航天具有多学科交叉、高精尖技术系统集成，以及由衍生技术带动多行业发展的业务特点。中国航天科技集团有限公司资本运作的基本原则应以产业发展有限相关多元化为基础，按照专业化分工进行整合和资本化运作，充分利用境内外资本市场，塑造具有航天特色的上市公司集群，即围绕运载火箭制造、卫星制造、卫星运营三个有代表竞争优势的核心主业资源进行产业链上的一体化资源整合，打造三家具有中国航天科技集团有限公司主业竞争优势，可形成较完整的航天产业链、具有强大示范带动作用的“旗舰型”上市公司；在其他产业领域，围绕自身优势资源及国家战略性新兴产业布局，通过已上市公司平台进行资源整合或通过IPO方式培育新的上市平台，发展壮大重点产业化项目公司及优势专业公司，分别打造若干个具有核心竞争力的专业化上市公司。中国航天科技集团有限公司下属上市公司中，与商业航天有关系的有四家，中国东方红卫星股份有限公司、航天时代电子技术股份有限公司、亚太卫星控股有限公司、中国卫通集团股份有限公司。

近年来，随着我国航天技术的不断进步和产业规模的日益扩大，以市场为主导、以盈利为目的、立足于应用、依托航天技术开展的各类商业活动蓬勃发展，借此形成区别于国家主导的传统航天工程项目的航天产业新业态——商业航天，正逐步成为我国航天发展的重要组成部分，在推动国民经济发展与航天技术进步等方面发挥着越来越重要的作用。

作为我国航天事业的主导力量，航天大型国有企业肩负着富国强军的神圣使命，在完成好国家任务的同时，要大力推动并积极主导我国商业航天的发展，为加快建设航天强国提供强有力支撑。

二、大型国有企业商业航天发展的主要问题

近年来，航天大型国有企业虽然对推动商业航天发展做出了有益的尝试，但无论是在思想认识上，还是在具体行动上，都存在较大的差距。虽然最近几年进行了巨大的调整，但是还不能完全适应商业航天的发展。

（一）对商业航天的认识不足

对商业航天已经成为世界航天发展的重要趋势的认识不足，尚未充分挖掘现有资源的商业化价值，在大型商业航天项目论证过程中对市场的认识不足。航天大型国有企业长期以来是国内具备完整航天工业体系的航天主力军，需快速适应成为参与国内新兴商业航天活动的一员。

天仪、蓝箭、零壹空间、翎客航天、中科宇航、东方空间、星河动力等国内航天企业，百度、腾讯、阿里、京东等互联网巨头公司已全面进入航天器和运载火箭制造业、空间技术和科学研究及应用领域。以上实体在智能制造、工业互联网、现代企业经营管理、政府公关和资本运作等领域不断探索符合我国国情特点和社会发展前景的商业航天发展路径，同时在积极探讨融合发展的机会和形式。在国内商业航天产业链、产品供应链逐渐形成的过程中，航天大型国有企业相

对封闭。

航天大型国有企业对于开展商业航天活动的意义和作用、商业航天健康可持续发展的保障机制、执行商业航天项目的政策瓶颈、商业项目的融资原则和方式、可纳入商业航天发展的业务领域、可采用的商业盈利模式、商业航天项目的管理与经营原则、商业收益的分配方式、衡量商业航天成败的标准、商业航天发展前景等与商业航天发展息息相关的问题尚未开展系统研究，也未能形成对商业航天科学、理性的认识和判断，这已经成为制约航天大型国有企业开展高质量商业航天活动的瓶颈。

（二）缺乏统筹推进商业航天的策划

航天大型国有企业宇航制造业、运营和应用业务面临着不同程度的竞争。目前国内商业航天尚处于探索阶段，在市场环境和需求尚不明朗的情况下，存在商业项目盲目跟风、刻意回避潜在风险、风险控制意识缺失等问题。

航天大型国有企业尚未以系统工程思想统筹谋划推动集团主业全面发展的商业航天计划，在外部商业航天项目陆续上马、实施迅速的情况下，各院所单兵作战，分别推进商业航天项目，在市场中未能充分发挥合力，也未综合考虑卫星制造与商业应用的内在关系。

为切分责任和分摊利益，航天大型国有企业的航天器和运载器研制普遍存在行政管理隔阂和专业壁垒，存在系统布局重复度高、复杂性强、配套产品采购范围受限制、成本高、研制周期长等现象，未能在项目整体层面，在产业的全链条上以效益为核心，统筹技术、市场及成本核算。例如，火箭总体单位与发动机单位未形成利益共同体，受发动机成本影响，降低商业火箭成本难度较大，卫星研发制造单位与卫星应用与服务提供单位亦是如此。

（三）对资本进入的应对不足

与传统政府项目由国家足额拨款不同，商业航天项目需通过市场运作引入外部资本，带动丰富的社会资源给予支持。商业航天活动的机制不健全，目前，航天大型国有企业尚未积极引入外部资本，未明确可引入的资本类型及股权占比，对外部资本进入后国有资产、知识产权、企业自主权、管理和薪酬体系可能发生的变化缺少应对措施。

航天大型国有企业成熟的科研人员在外部高薪、个人发展空间宽松的吸引下流失严重，人才逆淘汰形势严峻，不利于科研型号队伍的稳步成长、科研生产能力的稳定和提高。同时，国内新兴商业航天公司的技术工程人员大多原为航天大型国有企业各院所的骨干，掌握着核心技术、信息和用户渠道，其参与的商业航天产品与服务项目与航天大型国有企业或可形成竞争。

（四）商业项目与政府项目管理模式不明

目前航天大型国有企业大多基于政府项目积累的人力、财力和物力开展商业航天项目。因此，商业项目在产品价格、人力资源利用、研制设施使用等方面对政府项目会产生冲击。如何合理开放基于政府项目积累的广泛能力，发挥现有资源贮备的最大效益，在促进商业航天健康有序发展的同时，提升政府项目的技术创新和管理效率，尚未形成明确的原则建议。

（五）商业发射、测运控能力建设遇政策瓶颈

国内现有发射场任务饱和，设施资源不足，测控服务费高昂，难以满足高频次、低成本、快速响应的商业航天发射要求。然而，无论

是在现有发射场建设商业航天专用发射工位，还是尝试在国内陆地、海岛、海上发射及海外构建发射能力，都面临严峻的政策瓶颈。

航天大型国有企业下属院所具备测运控技术、产品和设施，但尚未整合组网。目前，国家对商业测运控网建设缺乏政策指导，频率使用和站点建设的审批程序不明确，带来了建设成本和周期不可控的风险。

（六）商业运作模式有待改善，客户有待拓展

航天大型国有企业原来的商业运作模式比较单一，主要是以科研生产为主，客户主要限定在政府和军方，比较单一。而且都是已有的固定渠道来源，不需要开发新的客户。现在，虽然政府和军方仍然为最大的客户，但是市场增量几乎为零，时而还有起伏波动，随着中国科学院或者其他商业航天公司的进入，甚至还有下降的趋势。

三、大型国有企业发展商业航天的举措

结合使命定位,航天大型国有企业要坚持以建设航天强国为目标，在确保国家战略安全和完成国家任务的前提下，稳步推进商业航天的发展。构建丰富多元的商业化航天产品与服务体系，重点发展一批有影响力的商业航天项目,培育若干市场化运作的现代化商业航天企业，塑造一系列世界知名的商业航天品牌，充分发挥内外部投资机构的支撑作用，推动商业航天企业的发展和商业航天项目的实施，逐步形成符合整体发展战略和市场规律的商业航天发展格局。

（一）建立商业航天行业公约，引领商业航天发展

商业航天作为新兴产业，商业项目发展的模式缺乏一定的约束和

指引，容易造成行业乱象。航天大型国有企业作为国内航天的引领者，应利用自身优势，领导国内商业航天的发展，建立商业航天行业公约，制定行业规范，引导建立航天行业规则，形成有序、规范、健康的商业航天竞争环境。

支持与新兴商业航天实体良性互动，推动研究能力、配套产品和基础设施的开放和共享，促进商业模式创新发展。充分挖掘各地方政府在土地使用、技术应用和税收等领域的优惠政策和多方支持，积极搭建与地方政府互惠互利的商业航天合作关系，打造集总体设计和航天器总装集成测试工程中心（AIT 工程中心）于一体的航天产业基地、航天创新技术的孵化平台和航天技术应用服务平台。加强与国内先进航天技术研发团队的交流与合作，以组建联合实验室、实体化联合研发团队、技术参股商业航天公司等形式孵化市场牵引的新技术和新产品。逐步推动与互联网巨头公司的深度合作，撬动战略资本进入，支持商业航天发展。

（二）创新商业航天科研生产模式，建立市场化采购体系

科研生产方面。健全适应市场公开竞争和优选的科研生产管理体系。商业航天项目研发团队在充分识别生产过程关键要求、有效控制风险的前提下，对质量控制与可靠性工作进行简化与优化，设计方案变更和技术状态迭代须记录完整。加强一体化设计和单机功能的一体化设计，消除行政管理隔阂和专业壁垒，持续优化商业航天产品的研制流程，完善商业航天器和运载器的研制流程及标准。加强新技术、新方法的应用，强化软件应用，替代硬件产品，采用先进的设计、仿真技术替代部分硬产品投放和实物物理实验。

采购体系建设方面。均衡考虑质量、成本、进度等要素的关系，

充分发挥商业保险的作用，合理平衡任务风险和成本的矛盾。鼓励引入竞争机制，拓宽物资采购范围，保留系统内供货渠道以确保产品质量和供货稳定性，同时筛选系统外供货商，以降低成本和优化性能。允许非核心产品在全球范围内进行市场化择优采购，充分利用统一电子采购平台，按照市场规律，最大限度地吸纳社会优质资源为商业航天发展提供配套服务。推动商用器件在商业航天项目中的应用，建立配套的国际商业航天选用标准。探索建立专门针对商业航天的配套产品目录，产品名称、技术指标、配套价格等关键要素要与军品配套产品进行有效区分。

（三）加强资本运作，多源支持商业航天业务发展

社会资本是航天大型国有企业商业航天项目主要的资本增量来源。要充分利用市场化的资金、设施、设备等资源，满足商业航天发展在创新技术研发、空间基础设施建设、研制生产试验能力建设、地面配套设施建设、市场渠道建设等方面的资金需求，提升产品与服务的供给能力，拓展应用领域，提高应用水平，做大市场空间，推动现有航天基础设施、设备的资本化和证券化。

发挥下属专业投资机构在商业航天项目投资中的重要作用，积极引入金融投资机构、地方政府、大型央企、高校及科研院所、用户企业、生产配套企业等国内外机构和企业。优先引入有利于创新优化商业模式、提升核心能力、拓宽市场渠道、市场化运营经验丰富的外部投资者。

对市场化程度高、市场充分竞争的企业，在保持影响力或控制力的前提下，可采取直接引入社会资本的方式；对于重点商业航天项目或新兴领域，可联合社会资本投资设立股权多元化的项目公司；对重

大商业航天项目研发、核心关键技术攻关等，可通过专利基金直接投入项目；在商业航天能力建设中，可充分利用各类金融工具，优化资金筹措方式；根据商业航天发展需要，适时发起商业航天产业发展专项基金，可通过并购或参股的方式，加强与外部商业航天企业的合作；有计划、有步骤地对接资本市场，不断提升整体资产证券化水平。

（四）进一步优化管控机制，切实提升发展效益与效率

根据市场竞争态势和现有能力布局，航天大型国有企业应进一步深化主业核定，对内部单位在商业航天市场中承揽的业务范围进行合理管控，避免内部无序竞争和资源浪费，提高整体竞争力。适时发布负面清单，并建立相应的动态维护机制，加强对内部单位向市场提供配套产品与服务范围的管控，原则上凡是可能涉及国家战略安全、国家秘密、商业秘密以及可能影响国家重大任务的产品与服务都应列入负面清单。

在市场培育阶段允许商业航天业务试错，使之能够承受适度的市场风险。以融资能力、业务规模、商业发展潜力而非发射成功率作为评价商业航天业务成败的重要指标。为尽可能激发商业航天活力，航天大型国有企业须释放商业实体自主能力，减少逐级申报审批环节和频次，同时有效确保对商业实体的实际控制权，可在股权融资方案中对集团层面及下属院所的股份份额进行设计。

为避免市场业务对传统型号任务的冲击，保障商业实体的市场竞争力与人员稳定性，落实商业公司内个人收入与业绩挂钩，商业实体人员须脱离原型号科研队伍，完全纳入公司化管理。型号科研实体（科研院所、项目科研团队）可以技术或资金入股商业公司，以项目承包形式参与公司的研发活动，加强商业获利对于型号科研任务的反哺促进。

（五）基于市场需求开展技术产品研发，加快提升竞争力

加强对当前商业航天市场的分析，根据市场竞争态势，动态调整市场策略，争取商业利益最大化。制定商业航天领域技术发展策略，统筹协调自主可控与提高市场竞争力之间的关系。通过市场化手段，加强卫星有效载荷、控制系统、动力系统、先进材料、核心元器件等关键领域的自主研发投入，逐步减少受制于人的关键环节，在关键领域实现并跑甚至领跑。在此基础上，进一步优化商业航天供应链，扩大选择余地，降低配套成本，将技术优势转化为市场优势。

运载火箭方面，陆续推动现役火箭的商业版。积极推动高、中、低轨火箭的商业化发展，发射成功率统计与国家型号任务相分离，释放火箭商业化发展的适应性，增强火箭盈利能力。快速推出低成本商业微纳火箭，提供便捷、廉价的低轨道小型火箭发射服务。推广火箭末级商业应用。利用火箭末级长期停留太空的特点，搭载通信、导航、遥感、授时、中继载荷或技术验证载荷，提高空间闲置资产的利用价值，开展火箭末子级状态监测、国产元器件在轨验证等长期留轨飞行试验和业务应用。

航天器方面，围绕传统的通信、遥感、导航等航天器制造领域以及新兴的微重力试验及商业运输（载人载物）领域，创新设计生产思路，优化研制流程和管理机制，提高数字化设计与验证的应用，提升产品模块化、通用化、标准化水平，有效降低研制生产成本，提高整星及其配套产品的批生产能力。

航天技术应用与服务业方面，以商业卫星测控为切入点，整合航天大型国有企业测运控站点和频率资源，联合外部企事业单位、科研院所和私营公司的地面站资源，为卫星应用商业航天项目提供便捷、

廉价的全球测运控服务。逐渐搭建满足各类商业卫星测运控需求的商业卫星测控网，通过国际合作不断拓展，逐步实现全球覆盖，形成成本低廉、灵活机动、适应性强的商业化测运控服务能力。充分利用现有天基资源和数据资源，深度挖掘现有卫星数据应用价值，提升数据深加工和处理能力，实现现有资源的商业应用。建设覆盖全球的天地一体化卫星运营应用网络，降低卫星运维成本，提高卫星商业应用价值，增强消费级终端设备的市场竞争力和市场占有率，提升遥感数据、通信转发服务和导航信息的综合应用及服务品质。

航天文创及相关产业方面，推广航天科技的文教和娱乐功能，开展航天科普活动、科普课程、文创产品开发和航天体验活动，兼顾航天科技与文化的推广、传承和商业价值的提升。

（六）有效防范商业风险，做好知识产权与品牌保护

在商业航天活动中，增强知识产权保护意识，健全知识产权保护机制。定期梳理涉及核心商业利益的关键技术，确保相关知识产权保护工作落实到位。制定专门针对商业秘密的管理措施，结合国家秘密保密工作要求严格落实，对过失甚至故意泄露商业秘密的单位和人员要严肃查处。

增强品牌意识，切实做好知名航天品牌的注册、保护与宣传工作。加强航天品牌管理的统筹谋划，打造集团层面的商业航天品牌，提升品牌形象。通过灵活多样的形式将航天品牌价值融入产品与服务中，从而提高航天大型国有企业的声誉和市场竞争力。在冠名权、赞助权等航天品牌营销中，遵循市场规则，采取分类管理，规范授权使用，切实维护航天品牌形象。

附　录

国内外商业航天公司

附录一　国外传统商业航天公司

1. 洛・马公司

洛・马公司是全球著名的防务与航空航天公司，全球雇员总共约10万人，总部位于美国马里兰州，主要从事先进技术系统、产品与服务的研究、设计、制造、总装集成和维护，面向全球军事、民用和商业用户。洛・马公司的设施超过590个，分布在美国50个州，公司的业务遍布世界52个国家及地区。

（1）洛・马公司有航空、导弹与火控、旋翼与任务系统、航天四大业务板块

洛・马公司航天业务主要由洛・马航天系统公司负责，包括载人航天飞行、全球通信系统、遥感与探测系统、导弹防御系统、战略导弹、商业发射系统、侦察与导航系统等。洛・马公司组织机构见图8。2017年洛・马公司销售额为510亿美元（比2016年增长了8%），订单储备1000亿美元，经营现金流为65亿美元，利润为51亿美元。洛・马公司在2017年福布斯财富榜大型工业公司500强名单中列第56位。洛・马公司2017年的销售额中69%来自政府（其中58%来自国防部），30%来自国际用户（其中包括通过美国政府对军贸销售），1%来自国内商业和其他用户。洛・马公司各业务板块占比情况见表33。

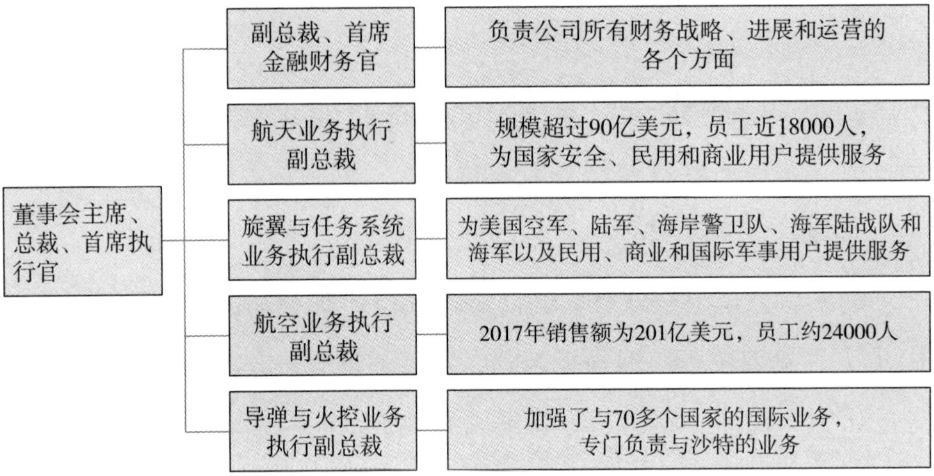

图8　洛·马公司组织机构

表33　洛·马公司各业务板块占比情况

	2017 年销售额（亿美元）	占比
航空业务	201	39.4%
旋翼与任务系统业务	142	27.8%
航天业务	95	18.6%
导弹与火控业务	72	14.1%
总计	510	

注：因四舍五入原因，各部分占比之和不一定为100%。

（2）近期的发展与创新

采用“数字织锦”技术，极大提高生产效率。洛·马航天系统公司的射频（RF）有效载荷中心，具有50多年研制新技术、降低成本的经验，位于丹佛，集研发、生产与测试功能于一体。该中心采用“数字织锦”技术，在研发、生产、测试和维护过程中无缝使用相同的数字信息，跨领域最大化利用通用产品，发挥规模经济的效应，实现优惠、灵活和创新的解决方案。射频载荷中心正通过先进的制造技术和流水化生产彻底改造射频载荷的生产，“数字织锦”交错使用基于模型的设计、分析、3D 打印制造、自动化装配、测试和检验，以降低有效载荷成本，缩短研制周期。洛·马的天线、功率放大器、接收器等载荷用于宽带遥感、空间态势感知、导航、星际链路和星间链路，可向政府、商业和保密用户提供窄带、宽带和商业高速通信分系统。利用先进聚合物、纳米材料、先进复合材料、现代化轻质材料来设计和制造下一代产品与系统，以实现在提高性能和降低成本方面的突破。

洛·马要把采用 A2100 型平台 36~40 个月的卫星生产周期压缩到 18 个月。为此，洛·马对 A2100 平台进行了重大修改，以期压缩 35% 的成本和生产周期。3D 打印把 A2100 平台所用贮箱的生产周期从 18 个月缩短到了不到 6 个月。公司通过与用户合作，加快实验室技术创新的投产速度。公司目前致力于利用创新技术来提升国家安全、空间探索、通信技术和医疗业务的产品与工艺，工程师和制造人员正在学习和应用数字技术新技能。采用增材制造技术可降低成本、提高性能和耐受性。公司正在致力于减小下一代电子元器件的质量、尺寸、功耗和成本。为寻求与航天初创企业和创业者建立更为紧密的联系，公司通过官网推出了“开放空间”计划，公开发布其 LM2100 大型卫星平台、LM400 小型卫星平台和新推出的 LM50 纳星系列平台的有效载荷接口控制文件，向全球征集有效载荷概念方案。

改造卫星生产设施以生产通用化卫星部件。洛·马公司耗资 3.5 亿美元在丹佛附近的沃特顿峡谷园区新建一座生产设施，承担公司现有和未来所有卫星项目的组装、测试和验证工作。该设施定于 2020 年完工，将设置通用电气、机械和测试设备，可同时承担从微型到巨型卫星任务。洛·马公司超过 1/4 的供应商是小公司。为避免商业和政府卫星订单波动对供应商生产线的稳定性造成不良影响，洛·马已投资对多个分系统进行标准化改造，以确保供应商生产的部件具有通用性，生产线和供应链能保持稳定。为此，洛·马公司花费约 5 年时间、约3亿美元首次将让所有卫星平台共用通用部件，这类部件超过280个，涉及推进、反作用轮、常平架、功率调节、太阳能电池阵、蓄电池技术、温控以及软件和航电设备。

涉足小型运载火箭领域。2015 年，洛·马向火箭实验室公司注入了一笔战略投资，帮助其研制电子小运载火箭。英国计划在苏格兰建立一座火箭发射场之后，洛·马收到 3100 万美元的资金，将研制能在苏格兰发射的小运载火箭，但该火箭是否是电子火箭还尚未确定。

2. 诺·格公司

诺·格公司是美国主要的航空航天飞行器制造商之一，2018 年 6 月，诺·格收购国防与航天承包商轨道 ATK 公司。诺·格现有雇员约 40000 名，提供从海上到太空全方面的技术、产品、系统及整体解决方案。公司的主要客户是美国国防部门，商业伙伴遍布全球。

（1）诺·格公司分航空航天系统、任务系统、技术服务和诺·格创新系统四大业务领域

2016 年公司为适应客户需求，加强公司整体创新能力，对公司部门进行了大刀阔斧的调整，将原有的航空航天系统、电子系统、信息系统和技术服务四个部门调整为航空航天系统、任务系统和技术服务三个部门，航空航天系统部门业务保持不变，将电子系统、信息系统和技术服务三个部门业务进行整合，设立任务系统和技术服务两个部门，新部门将更加聚焦军事与情报，积极拓展新客户。轨道 ATK 被收

购之后，成为诺·格公司的第四个业务部门，并改称诺·格创新系统公司（见图9）。诺·格创新系统公司负责设计、建造并向世界各地的客户交付空间、防御和航空相关系统。公司的主要产品包括运载火箭和相关推进系统，导弹产品、子系统和国防电子产品，精密武器、武器系统和弹药，卫星及有关的空间部件和服务，先进的航空航天结构等。

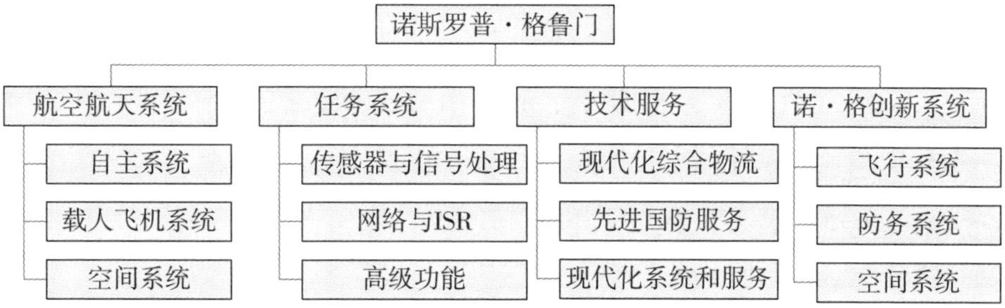

图9　诺·格公司组织机构

（2）近期的发展与创新

轨道ATK公司（现诺·格创新系统公司）布局在轨维护业务。2018年3月13日，轨道ATK公司宣布准备研制一款新型卫星延寿飞行器任务——机器人飞行器（MRV），同时让公司向更高级的在轨服务迈进。根据设计，MRV将以目前任务延寿飞行器（MEV）为基础，载带10~12个任务延寿吊舱。MEV要同作为服务对象的卫星对接，接管其机动功能，包括位置保持以及位置迁移和转入弃星轨道。

轨道ATK公司研制新型运载火箭。轨道ATK公司推出新型火箭，并于2018年4月16日最终定名为欧米伽。该火箭分为中型和重型两个基本型号。中型火箭静地转移轨道运载能力在4900~10100kg之间；重型火箭则能把5250~7800kg的有效载荷直接送入地球静止轨道，不再需要卫星动用自身携带的推进剂来实施大范围变轨机动。该火箭意在同联合发射联盟公司和太空探索公司等争夺美国空军的发射合同。欧米伽拟在2019年完成推进系统地面试验，在2021年中型型号进行首批飞行，欧米伽从2022年起将取得承担空军实际发射任务的资质，而重型型号则将在2024年进行首批飞行。

3. 波音公司

波音公司是世界最大的宇航公司，商用飞机、防务、空间与安全系统主要制造商，政府和商业宇航售后支持服务主要供应商。作为美国最大的制造业出口商，已为150多个国家的航空公司、美国和盟国政府客户提供支持。

（1）波音公司分商用飞机公司，防务、空间与安全公司和波音全球服务公司三大业务板块

波音公司按业务分为三大业务集团：商用飞机公司，防务、空间与安全公司和2017年7月1日正式投入运营的波音全球服务公司。公司从2017年7月开始频繁地对其主管防务与航天业务的管理机构进行重组，现主管航天业务的部门集中在航天与发射部和导弹与武器系统部，波音金融公司为三大主业提供财务支持服务。

波音防务、空间与安全公司（BDS）成立于2000年，是集多元化与全球化于一身的组织机构，旨在整合波音公司在防务、空间和通信等方面的能力，提供载人和无人系统、空间和卫星系统、情报和安全系统及广泛融合的技术专长。总部设在华盛顿特区，在澳大利亚、沙特阿拉伯和英国3个国家和美国26个州设有分公司，雇员35562人。

根据该公司 2018 年 4 月份最新调整的组织结构，公司下设 7 个部门，分别为鬼怪工程部、自主系统部、航天与发射部、导弹与武器系统部、商用衍生飞机部、垂直起降飞行器部和打击、监视与机动部，其中涉及航天业务的主要集中在航天与发射部和导弹与武器系统部（见图 10）。航天与发射部成立于 2018 年 4 月，专注政府和商业客户的航天和发射计划，旨在强化关键市场，更快满足用户需求，负责国际空间站、商业航天运输办公室 -100“星际客机”商业载人飞船、NASA 的空间发射系统、政府和商业卫星系统以及波音在联合发射联盟公司所参与的任务。导弹与武器系统部成立于 2018 年 3 月，主要负责监督波音公司新洲际弹道导弹、地基中程防御导弹拦截器、GPS 制导联合直接攻击武器和其他武器工作。

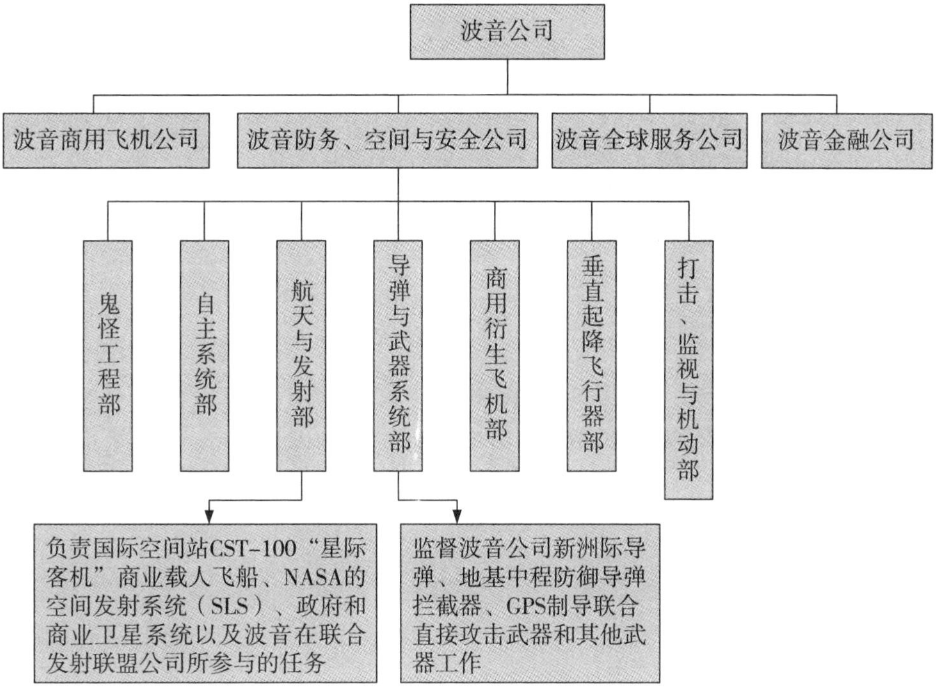

图 10　波音防务、空间与安全公司组织机构

（2）近期的发展与创新

塑造扁平化的管理结构，提升对用户需求的反应能力。波音公司从 2017 年 7 月开始频繁地对其防务与航天业务管理机构进行重组：2017 年 7 月，将波音防务、空间与安全公司原下属的波音军用飞机公司和波音网络与空间系统公司进行重组，由原来的 2 家分解成 4 家。2018 年 3 月，波音防务、空间与安全公司宣布成立两个新部门，即商用衍生飞机部和导弹与武器系统部，同时取消 2015 年成立的开发部。2018 年 4 月新设航天与发射部，专注政府和商业客户的航天和发射计划，旨在强化关键市场，更快满足用户需求。如此频繁的变动，其用意在于理顺业务管理，形成简化和更加扁平化的管理结构，以加快决策速度，提高对用户需求的快速反应能力。此举减少一层行政监督，从而提升全球竞争力。

提升卫星部件标准化，推动新型数字化有效载荷应用。随着地球静止轨道通信卫星下滑步入第四个年头，卫星制造商开始纷纷担忧为其提供零部件的供应商，尤其是小型供应商的处境。为了能让零部件供应商顺利渡过难关，各卫星制造商正积极对所用各类卫星部件实行标准化，借此来提高相同部件的产量。除了此项措施之外，波音公司还积极推动新型数字化有效载荷的应用。波音公司表示与射频部件众多的传统卫星相比，数字式卫星上只有天线、处理器和电源等少数此类部件，公司承造的“O3b 增强”卫星的核心将采用一个先进的相控阵系统。寻找由其他行业开发的技术并用来制造成本更低的航天设备是波音公司重点关注的领域。

波音将收购千年空间系统公司。为扩大航天和卫星业务，波音 2018 年 8 月 16 日宣布拟收购军事承包商千年空间系统公司。千年空间系统公司从事军事卫星研制生产，在复杂系统工程领域造诣深厚。千年空间系统公司虽曾拿到过NASA合同，但其主要用户是美国空军。它的加入会为波音参与国家安全航天项目竞争带来更多机会。千年空间系统公司在纵向集成小卫星解决方案方面的优势可给波音现有卫星产品组合带来补充；并将让波音能够满足多样化用户的需求。

4. 空客集团

空客集团是欧洲最大的防务与航天公司，业务遍及全球170个国家和地区。在中国的天津和美国亚拉巴马州设立了新的总装线，在巴西制造直升机，在新加坡、印度、美国、中国和俄罗斯设有研究中心，并在五大洲运营维护、修理和大修（MRO）中心。

（1）空客集团分商用飞机公司、防务与航天公司、直升机公司三大业务领域

2014年前后，空客集团以更名为契机，对主要业务进行了重组。空客集团子公司由4个缩减为3个，分别为商用飞机公司、防务与航天公司、直升机公司。2013—2017年空客集团收入情况见表34。

表34　2013—2017年空客集团收入情况

	2013年	2014年	2015年	2016年	2017年
空客总收入（亿欧元）	593	610	645	666	668
商用飞机公司	67%	68%	70%	73%	76%
防务与航天公司	22%	21%	20%	18%	16%
直升机公司	11%	10%	10%	10%	10%
其他	—	1%	—	—	—

注：因四舍五入原因，各部分占比之和不一定为100%。

空客防务与航天公司主营 3 大业务：军用飞机，航天系统，通信、情报与安全（CIS）。军用飞机部负责包括作战、运输、任务和无人机在内的所有固定翼飞机业务；航天系统部管理卫星和运载器业务；通信、情报与安全部负责通信技术，包括保密卫星通信、公共移动无线电和更广泛的安全系统。空客防务与航天公司收入情况见表 35。

表 35　空客防务与航天公司收入情况

	2013 年	2014 年	2015 年	2016 年	2017 年
总收入（亿欧元）	/	130	131	119	108
军用飞机部	/	40%	41%	42%	49%
航天系统部	/	31%	29%	31%	29%
通信、情报与安全部	/	18%	20%	27%	22%
电子业务部	/	11%	10%	—	—

注：2013 年相关数据暂缺；2016 年公司通过出售剥离了电子业务。

空客防务与航天公司总部位于德国慕尼黑。空客集团航天相关领域由空客防务与航天公司负责，其航天业务涉及通信、对地观测、导航、载人飞行、空间科学与探索卫星以及运载火箭。空客集团除制造传统的通信卫星之外，近年来积极布局量子卫星、在轨服务和全电推领域。

（2）近年的发展与创新

出售非核心业务，归核、优化自身业务。近年来，空客集团意识到商业通信卫星市场是一个竞争非常激烈的市场，用户通常会综合考虑价格、技术能力和公司的历史表现等因素才最后做出决定。公司预计未来几年，全球通信卫星市场需求将稳定在平均每年 20 颗左右。其竞争对手主要有美国的波音公司、洛·马公司、麦克萨技术公司和诺·格公司，欧洲的泰·阿公司，俄罗斯的列舍特涅夫信息卫星系统公司等。面对激烈的市场竞争环境，公司积极通过出售非核心业务、对自身的业务进行归核和优化，以及加强与其他公司的合作等手段，促进发展，如公司在对业务板块进行综合评估之后，于2016年通过出售的方式将占公司年营业收入约10%的电子业务进行了剥离。2017年，空客集团与一网公司成立一网卫星公司，公司在法国图卢兹地区启动了一个占地面积4600平方米的装配基地，利用空客集团在飞机制造领域“未来工厂”的理念，推进卫星研制流程创新，欲实现1天1星的造星目标，而在佛罗里达州新建的卫星制造工厂更是提出了1天3星的交付预期。

强强联合，与赛峰集团成立合资公司加强运载业务。面对太空探索公司等快速发展带来的冲击，在母公司的统一组织与安排下，空客防务与航天公司在运载方面的业务也进行了相关调整，与赛峰公司成立阿里安集团对欧洲运载行业进行重组。近年来，面对复杂的内外部发展环境，空客防务与航天公司积极进行相关变革和调整，虽然经过这些变革和调整，公司的收入在短时间内出现了一些波动，甚至下降，但从长远来看，未来公司将可以集中优势力量聚焦于核心业务的发展，保证在激烈的国际竞争环境下立于不败之地。

5. 麦克萨技术公司

麦克萨技术公司（原麦德联营公司）2012年并购劳拉公司，成为世界领先的通信卫星制造公司。2017年麦德联营公司完成对数字地球公司的兼并，更名为麦克萨技术公司。该公司在全球31处设置分支机构，员工6500人。

（1）包括劳拉公司、麦德联营公司、数字地球和Radiant四大业务板块

麦克萨技术公司是全球领先的先进航天与地球情报公司，为商业

和政府市场提供卫星、地球图像、地理空间数据和分析。麦克萨技术公司旗下拥有4个重要的商业航天子公司：劳拉公司、麦德联营公司、数字地球和Radiant，业务涉及空间系统、图像和服务。麦克萨技术公司组织机构见图11。劳拉公司和麦德联营公司的主要业务包括通信卫星，地球成像卫星，雷达卫星与图像，科学任务航天器，卫星地面系统，卫星天线、电子元器件系统与有效载荷，空间机器人，C^4ISR与防务系统，企业级信息解决方案。数字地球公司的主要业务是向国防、情报和商业市场提供高分辨率地球图像和地理空间产品，主要包括绘图、位置信息服务、能源、农业和气候分析。云端平台图像库已超过100拍比特。Radiant公司向国防、情报和商业市场提供大数据分析和服务。

劳拉公司是主要的卫星制造商。劳拉公司是全球最主要的大功率地球静止轨道卫星和卫星系统设计、制造和集成商之一，在卫星制造领域已有50余年的历史。目前开展的业务包括通信、对地观测、机器人及维护、进入空间、分系统及服务。

麦德联营公司下设侦察与情报、机器人和卫星系统三大业务板块。其中侦察与情报业务涉及侦察任务、C^4ISR、航空信息系统、陆地管理系统、地面系统和国际地理空间信息服务；机器人业务涉及天基机器人解决方案和商业机器人；卫星系统业务涉及平台、天线与电子元器件、有效载荷。

数字地球公司是全球最大商业高分辨率卫星图像提供商。数字地球公司是响应1992年美国政府出台的法案《陆地遥感政策法案》后成立的，并在成立后通过数次兼并收购逐渐发展壮大。2013年1月数字地球公司合并了地球眼公司。新的数字地球公司成为世界上领先的、最大的商业高分辨率卫星图像提供商，在全球商业遥感市场，特别是在高分辨市场中处于垄断地位。2017年被麦克萨技术公司并购。

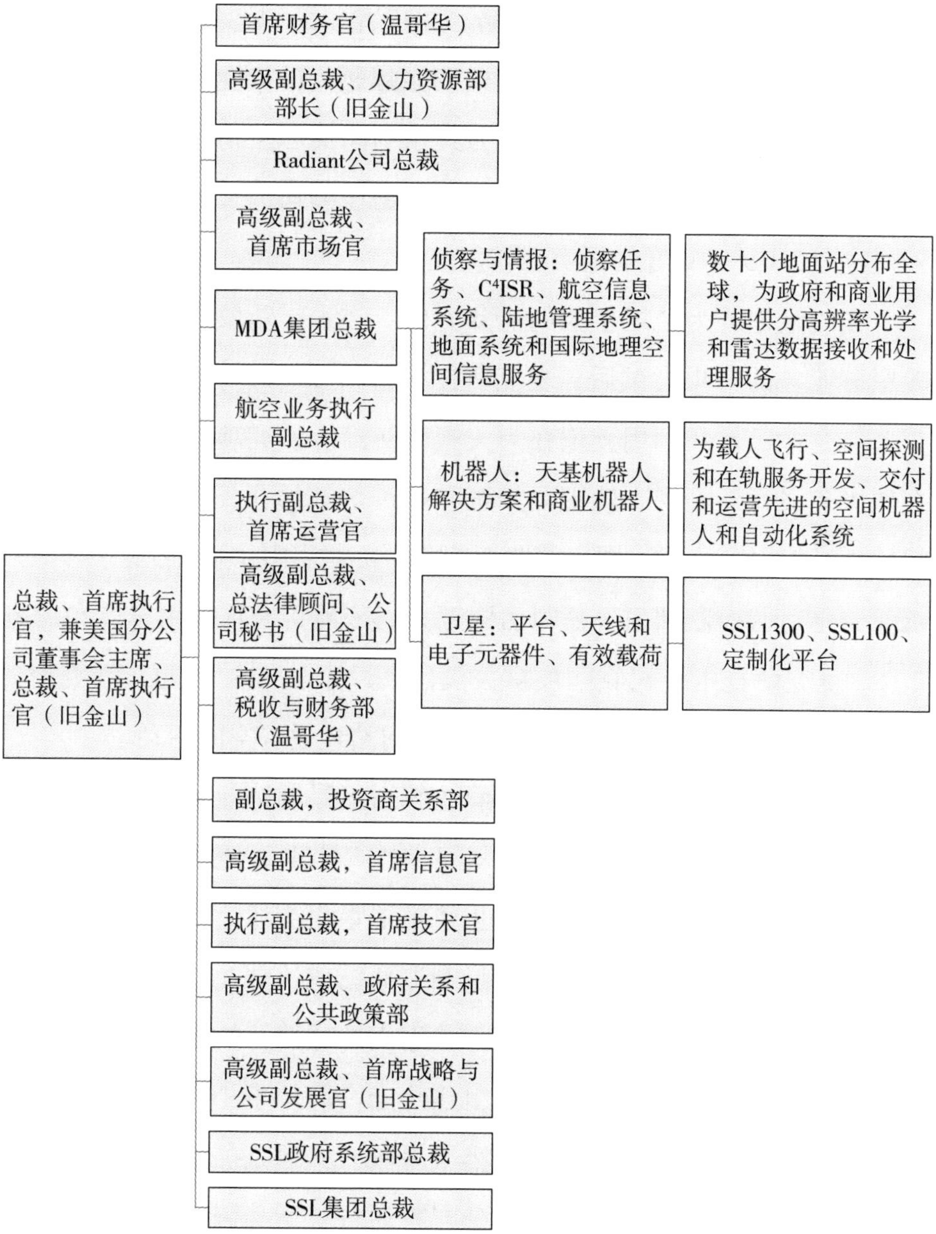

图11　麦克萨技术公司组织机构

（2）近期的发展与创新

兼并数字地球公司，继续推进美国化战略。一直以来，麦克萨技术公司都在积极推进其美国化战略。2012 年，公司通过并购劳拉公司，迈出了第一步。2017 年公司再次并购全球领先的商业高分辨率地球图像和服务提供商数字地球公司，为其顺利向美国公司过渡，进而为争取美国政府业务提供了更多的可能。根据该公司的计划，麦克萨技术公司将在 2019 年年底全面实现在美注册。

在轨维护成为公司重要的业务方向。在 6 年前取消了开展卫星在轨服务业务的一项尝试后，麦克萨技术公司 2018 年 6 月 28 日开办了一个新企业，旨在利用其正在为美国国防高级研究项目局建造的一个在轨服务飞行器开展在轨卫星修理和推进剂补加业务。新企业称为空间基础设施服务公司，同麦德联营 2011 年时所用的项目名称一样。卢森堡卫星运营商欧洲卫星公司已同意充当该项目的首家用户。2018 年 7 月，麦克萨技术公司收购加拿大机器人厂家 Neptec 公司，计划把后者的机器人专长用于卫星在轨服务和空间站建设等空间活动。

麦克萨技术公司或退出地球静止轨道卫星制造业务，转向小卫星制造。由于地球静止轨道通信卫星订单连年歉收，麦克萨技术公司旗下劳拉公司可能会关掉其地球静止轨道卫星生产线。麦克萨技术公司正在考虑三个选项：同另一家卫星制造商结成伙伴、将这项业务卖掉或在造完已签约卫星后将其关掉。在退出地球静止轨道通信卫星制造的同时，麦克萨技术公司正在新组建一个专门从事小卫星制造业务的部门，麦克萨技术公司最重要的小卫星收入机遇是加拿大运营商电信卫星公司的低轨宽带星座项目，公司将通过位于美国的劳拉公司和设在加拿大的麦德联营公司，把重点放在卫星平台与推进基础设施、天线技术和其他星上电子设备上。

附录二　国外新兴商业航天公司

1. 太空探索公司

太空探索公司成立于2002年，是一家美国私营航天运输公司，总部在加利福尼亚州的霍索恩。2010年12月，太空探索公司的龙飞船成功发射，并从轨道返回，其成为发射飞船的第一家私营公司，并因此获得航天基金会颁发的2011年“航天成就奖”。2012年5月，龙飞船与国际空间站首次成功对接，将货物运往国际空间站并安全返回地球，开启了私营航天的新时代。2015年12月，太空探索公司猎鹰–9运载火箭首次完成陆上回收，这是历史上首次有轨道发射型火箭成功实现陆上着陆。2018年2月，重型猎鹰运载火箭完成首飞，成为目前现役起飞推力最大的火箭，获得了国内外的广泛关注。

（1）业务构成

太空探索公司的产品包括“猎鹰”系列运载火箭、巨型“大猎鹰火箭”BFR、龙飞船和星链低轨卫星星座系统。

“猎鹰”系列运载火箭是承接商业发射任务最多的火箭，现役的型号包括“猎鹰”9 V1.2、2018年2月完成首飞的“重型猎鹰”和2018年5月完成首飞的“猎鹰”9终极版本Block5。猎鹰9最初只承接商业发射服务订单，自2015年获得军方和NASA发射资质后，也可承接美国政府和军方的发射任务。截至2017年年末，猎鹰9V1.2共执行发射任务27次，全部成功。猎鹰9 Block5是巨型“大猎鹰火箭”BFR问世前“猎鹰–9”的最后一个重大升级型号，退役前估计共将飞行

300次。该型第一级被设计成在无须例行整修情况下可反复使用10次，而若做适当的例行维护可用100次。重型猎鹰运载火箭是太空探索公司于2011年提出研制，最初预计首飞时间为2013年，但一直推迟到2018年年初。该火箭由二级构成，芯一级由“猎鹰-9”第一级改进而来，外侧加捆两枚“猎鹰-9”第一级，起飞时共有27台灰背隼发动机工作，第二级则同“猎鹰-9”一样采用单台灰背隼发动机。

巨型“大猎鹰火箭”BFR是马斯克在2016年国际宇航大会上提出的用来送人上火星的行星际运输系统构想，并在2017年国际宇航大会上修正了该构想。该系统由火箭和飞船组合而成，火箭部分为二级构造，低地轨道运载能力150t，若执行火星任务则每次可运输100人。一级采用31台猛禽液氧/甲烷发动机，飞船部分由上面级和飞船组合而成，将设6台猛禽发动机，其中4台配备适于真空条件下使用的喷管，另2台则采用适于海平面条件使用的喷管。第一级将能完全重复使用，并能精准地回到发射台上着陆。

龙飞船包括货运型号和载人型号。该公司握有价值超过20亿美元的NASA空间站货运补给飞行合同，涉及20次飞行，并握有另一份26亿美元的龙飞船载人型号合同，用于为国际空间站往返运送航天员。它最近又拿到了第二份远期空间站补给合同，以再开展6次货运补给任务，合同额未明确。

太空探索公司低轨互联网星座设想的提出始于2014年11月，旨在为全球消费者提供廉价、快速的宽带互联网服务，2017年8月，星座被正式命名为“星链”（Starlink）。目前已获得谷歌和富达投资集团10亿美元的投资。该星座拟由4425颗分布在1100km左右的LEO星座和7518颗分布在340km左右的VLEO星座构成，组网卫星总数达到 11943 颗。该系统首批两颗原型试验星“微星”2a 和 2b 已于 2018 年 2 月 22 日发射。

（2）基本盈利模式

太空探索公司收入主要来自两个方面：

一是政府为其提供的项目扶持和技术开发合同。

太空探索公司的成功离不开美国政府对它的大力支持。航天飞机退役后，NASA 通过鼓励私营公司进入载人航天项目，为太空探索公司提供了大量项目资金；另外，美国空军在 2016 年 1 月与太空探索公司签订了研发猛禽液氧甲烷可复用发动机的 3360~6100 万美元的合同。2006 年 1 月，NASA 推出“商业轨道运输服务”项目，旨在扶持数家有实力的私人投资商业航天公司，由 NASA 提供部分资金及技术支持，用来解决航天飞机退役后，美国完成往返地球和国际空间站的货运及载人航天任务。NASA 认为，此举可以将往返国际空间站的航天任务从政府预算拨款，转换到一个由数家商业航天公司通过竞争提供服务的自由市场，进而使该类航天任务变得更为廉价而有效。此项目一经推出，立即吸引了超过 20 家公司投标竞争，最终太空探索公司和轨道 ATK 公司胜出。太空探索公司赢得了 2.78 亿美元的巨额合同，为企业初创期的发展奠定了坚实的基础。

二是通过低廉的火箭发射服务价格从国际市场取得商业订单。

由于火箭发射的高昂成本使得全球发射市场对低成本、高可靠的商业运载火箭的需求日益强烈，性价比成为航天运输领域商业竞争的核心要素。正是因为看准了“低成本”的发展趋势，太空探索公司把低成本营销作为参与市场竞争的主要策略。马斯克称，猎鹰 –9 运载火箭的标准发射费用为 5400 万美元，按照美国垄断大中型载荷发射市场的联合发射联盟（ULA）2012财年的发射报价，其平均每次发射费用为4.35亿美元，中国长城公司的长征三号乙火箭发射费用为6000万美元，而“猎鹰–9”的运载能力更加出色。2015年5月，太空探索公司宣布“猎鹰–9”的商业价格在6000万美元上下，2015年11月的消息，“猎鹰–9”执行NASA科学任务的费用约在8500万美元，而“阿里安–5”供较小型卫星使用的整流罩下部位置收费为9000万美元。截至2017年年底，太空探索公司有约70次卫星发射的订单储备，总额超过100亿美元。

2. 蓝色起源公司

蓝色起源公司是由亚马逊公司首席执行官贝佐斯于2000年创办的一家私营载人航天飞行企业，该公司行事低调，于2006年大面积购买火箭厂房和发射设施场地而开始受到瞩目。根据《福布斯》杂志2018年1月发布的信息，贝佐斯的身价达1260亿美元，已连续两年蝉联世界首富。贝佐斯自称每年出售约10亿美元的亚马逊股票来支持蓝色起源公司发展。

（1）业务构成

公司目前主要研制新谢泼德亚轨道载人飞行器、新格伦火箭、BE–3和BE–4火箭发动机。

新谢泼德飞行器最初计划每次可将3人送往超过100km的亚轨道空间，提供观光或研究平台服务。2014年4月和11月、2015年4月新谢泼德亚轨道飞行器成功进行了三次试飞，最大高度约103.4km，最大速度约3.72倍声速。2015年10月，新谢泼德亚轨道飞行器进行了飞行中止试验，验证了飞行器乘员舱在紧急情况下安全地同助推火箭脱离并实施着陆的能力。乘员舱在逃逸时经受了高达 10 个重力加速度的过载。蓝色起源公司 2016 年对同一枚新谢泼德亚轨道飞行器进行了 4 次发射和着陆试验。2017 年 12 月 12 日，“新谢泼德”一个新型号进行了首次试飞。飞行器在试飞中达到的最大高度接近 100km，上升段最大飞行速度为 2.94 倍声速。推进舱实施了有动力垂直着陆，乘员舱则乘降落伞下降，于起飞后 10 分 6 秒降落。

蓝色起源公司于 2016 年 9 月提出将推出新格伦运载火箭，最初提出只承接商业发射，随后也计划申请政府发射资质并承接国家安全发射任务。新格伦火箭有二级和三级型两个型号，第一级可重复使用，将携带 7 台 BE-4 发动机，第二级采用单台真空优化型 BE-4 发动机，三级型火箭除这两级外，第三级采用单台真空优化型 BE-3U 液氢 / 液氧发动机。“新格伦”将采取同太空探索公司类似的海上平台着陆回收方式。按照设计，“新格伦”将具备 45t 低轨运载能力和 13t 地球静止转移轨道运载能力，整流罩直径 7m。“新格伦”研制工作预计将耗资约 25 亿美元。目前，该火箭已获得三家用户的发射服务订单，分别为欧洲通信卫星公司的 1 次地球静止轨道发射任务、一网公司的 5 次低轨发射任务和泰国初创卫星运营商缪空间公司（Mu Space）的 1 次发射任务。

BE-3 发动机和 BE-4 发动机。蓝色起源公司在 2000 年成立后，最初研发了以过氧化氢为燃料、推力 8.9kN 的单组元 BE-1 发动机。接下来，蓝色起源公司研发了以过氧化氢和煤油为燃料、推力提高到 140kN 的双组元 BE-2 发动机。2013 年，蓝色起源公司对外公布在研发采用液氢液氧低温推进剂的 BE-3 发动机。BE-3 发动机于 2013 年年末进行了全程亚轨道模拟点火试验，经过技术状态调整和大量地面测试后，“BE-3”于2015年在新谢泼德亚轨道飞行器上首次进行了飞行测试。“BE-4”是蓝色起源公司研发的第四代火箭发动机。同“BE-3”一样，“BE-4”采用了可复用设计方案，最早2020年实现飞行。

BE-3高性能液氢液氧发动机可用于火箭助推器、上面级和其他空间应用。“BE-3”可提供的最大发射推力约490kN，返回时可将推力控制到最小89kN，这对在几米范围内实现精确垂直降落具有重要意义。BE-3发动机采取了敏捷关闭设计，一个燃烧室只进行一次点火的设计对提高可靠性具有重要意义。蓝色起源公司还为BE-3发动机自行设计了低温涡轮。BE-3发动机的升级版BE-3U发动机配备了更大的喷嘴，具备真空环境运行能力，推力为670kN，可供上面级使用。BE-3和BE-3U发动机在新谢泼德亚轨道飞行器上已应用多次，新格伦火箭第三级将采用一台BE-3U发动机。

在研的液氧甲烷BE-4发动机采用分级燃烧设计，预计推力可达2400kN，设计可飞行100次。蓝色起源公司最初仅设想在本公司的新格伦火箭采用该型发动机，不过BE-4发动机目前已经成为联合发射联盟公司火神火箭的首选发动机。火神运载火箭将逐步替代联合发射联盟公司现役的宇宙神-5火箭和除德尔它-4H火箭之外的其他德尔它-4火箭。火神运载火箭采用二级设计方案，一级拟采用两台BE-4发动机，备选为两台洛克达因公司的煤油发动机AR-1。“火神”海平面总推力4890kN，比宇宙神-5火箭第一级高约10%。现役宇宙神-5火箭第一级采用单台RD-180，推力接近4445kN。

（2）盈利模式

目前，蓝色起源公司并未实现有效盈利。除了其创始人通过每年出售其亚马逊股票来支持蓝色起源公司发展外，“新谢泼德”并未公开出售其载客飞行“船票”，也未公布票价。新格伦运载火箭虽已获得 7 份商业发射订单，但这对于火箭制造公司来说还是杯水车薪。

3. 一网公司

一网公司于 2012 年成立，是一家美国初创公司，旨在利用大规模低轨卫星星座提供全球宽带通信服务。近年来，全球提出了十余个低轨宽带通信卫星星座计划，一网公司是其中融资额最高、工程进度最快的项目。除了低轨互联网星座外，一网公司还向 FCC 申请一项中地轨道星座建设，该星座拟设 2560 颗卫星，并采用 V、Ku、Ka 和 E 四个波段。

（1）一网公司卫星系统由空间段、地面段和用户段构成

整个一网系统由空间段、地面段和用户段构成。根据最新公布的信息，一网卫星星座全系统运行需要 1980 颗卫星，分布在 36 个圆轨道面上，每个轨道面上部署 55 颗卫星。一网公司将在全球建设数十个关口站，其中部分关口站集成了测控站，另外在美国和英国分设两个互为备份的卫星控制中心。

空间段将不设星间链路。一网卫星星座系统由空客防务与航天公司设计研制，一网卫星星座的前 900 颗卫星正在通过与空客合资的一网卫星公司建造，在法国图卢兹工厂建造前 10 颗卫星后，一网公司打算把卫星生产工作转往佛罗里达州的新工厂。一网卫星星座系统第一代卫星每颗重约 145kg，1Gbit/s 的重量约为 14.5kg。单星制造价格原计划控制在 50 万美元以内，但据业内人士估计，一网公司在佛罗里达

州探索公园兴建的全新工厂启动批生产后，把单颗卫星造价控制在约70~90万美元。在新推出的卫星宽带星座项目中，只有一网公司不打算在星上设置星间链路，通过关口站组网通信，卫星与用户间链路采用Ku和Ka波段频谱。不设星间链路有两大优点，一是可以避免监管者对本国数据遭到窃取和操纵的担忧。无星间链路可以保证业务在监管者能对数据进行管控的地方落地，并准确掌握其业务是在哪个关口站落地，而且能从法律上控制位于其国内网络入口点的路由器。二是每颗星都可造得更轻，而且更简单，进而减小出故障的风险。设星间链路会让卫星重量增加，且出故障的概率也会增大。

地面段将成为一网卫星星座系统面向全球提供服务的关键。因一网卫星星座不配备星间链路，所以地面关口站是一网卫星星座系统面向全球提供服务的关键。按照其公布的计划，一网公司将在全球部署55~75个卫星关口站，美国至少部署4个，未来建设的关口站将更多。关口站将由美国休斯网络系统公司研制，借助其在地面设备研制方面的成熟经验，实现星座信息的流通以及卫星网络与地面网络的互联。每个关口站配置50副以上的天线，每副口径超过3.4m。

用户段更加高效灵活。用户段根据应用领域和场景不同，提供固定、舰载、车载和机载等多种类型终端。用户通过一网系统终端连接的热点接入互联网。一网卫星星座系统设计的终端天线尺寸为45cm到1m，既有机械式双抛物面天线也有相控阵天线。此外，一网公司与高通公司合作，由后者提供专用芯片，从而实现终端产品的高效和低成本。而且，一网公司还与国际通信卫星公司达成协议，未来将研制支持LEO和GEO星座的双模式通信终端。

（2）近年的发展与创新

一网公司公布发射计划，2019 年 2 月首发。一网公司卫星在首发计划一推再推之后，终于于 2018 年 10 月份宣布发射计划。首发由“联盟号 –ST”于 2019 年 2 月 27 日在圭亚那发射场发射，搭载 6 颗卫星。随后圭亚那发射场在 2019 年和 2020 年还将分别发射 1 枚和 3 枚火箭。2019~2020 年拜科努尔发射场将发射 10 枚联盟号 –2.1b 火箭。2020 年东方发射场将发射 6 枚联盟号 –2.1b 火箭。预计 2020 年年初将有 300 颗一网公司的卫星在轨，2020 年末将达到约 700 颗。除了阿里安公司的“联盟号”承担发射任务外，一网公司还与维珍轨道公司签有发射 39 次运载器一号火箭的合同，并同蓝色起源公司签有用新格伦火箭发射 5 次的谅解备忘录。

一网卫星星座成本预计超出预期。一网公司原计划卫星建造、发射和运营总共耗资 35 亿美元，但据内部消息，一网公司预计耗资大约 60 亿美元。

4. 火箭实验室公司

火箭实验室公司创立于 2006 年，是一家致力于发射低成本小火箭的美国初创公司。公司使命是开发并提供轻量级具有成本效益的商用火箭发射服务。主要开发“卢瑟福”发动机和电子号火箭。

电子号火箭属于小火箭，全长只有 17m，直径 1.2m，起飞质量仅 10.5t，500km 太阳同步轨道运载能力为 150kg。技术方面，电子号火箭是世界上首次采用电驱动涡轮泵代替传统燃气驱动的化学火箭，电驱动方式的效率较传统的燃气驱动方式显著提升；它的整流罩液氧储箱等部位大量采用碳纤维材质碳纤维复合材料，将自重降低到近乎极限，以提高运载能力；它的“卢瑟福”发动机很多零部件制造均采用

3D 打印技术，最快 24 小时就可以打印出一台发动机，制造效率显著提升。价格方面，电子号火箭每次发射不到 1000 万美元，“拼车”还可以更便宜。

2017 年 5 月 25 日，电子号火箭首次发射，但未能成功入轨，截至 2020 年 7 月 6 日，电子号火箭共发射 13 枚，其中 2 枚失败。2020 年 7 月 4 日，电子号火箭携带 7 颗卫星在新西兰航天发射场发射，没有成功。火箭搭载的 7 颗卫星中，5 颗是美国商业卫星企业“星球实验室”小型地球成像卫星，1 颗微型卫星属于日本佳能电子公司，1 颗卫星属于英国科技企业“太空任务”。按照原定计划，电子号火箭应把这 7 颗卫星送入距地球大约 500 km 的轨道。

2021 年 1 月 20 日，火箭实验室公司使用电子号火箭，于玛西亚航天发射场，成功将 OHB 小卫星送入太阳同步轨道；2021 年 3 月 23 日，使用电子号火箭，将 BlackSky、Global-9 等共计 7 颗卫星送入低地球轨道；2021 年 5 月 15 日，使用电子号火箭，执行 BlackSky 地球遥感卫星发射任务，飞行过程中，火箭二级出现异常，卫星未能进入预定轨道。

5．维珍银河公司

维珍银河公司的创始人是英国亿万富翁理查德·布兰森爵士，计划提供亚轨道飞行。2019 年 10 月 28 日与投资公司 Social Capital Hedosophia 合并，维珍银河当日开始在纽约证券交易所挂牌，股票代码为 SPCE.US。主要开发太空飞机（宇宙飞船 1 号、宇宙飞船 2 号、团结号太空船），以及提供私人太空飞行服务（体验几分钟的失重状态，并在黑暗的太空中看到地球的美丽弧线）。

2014 年飞行测试失败以来，该公司的航天项目一直进展缓慢。

2020 年 2 月，维珍银河公司启动了“一小步计划”，并恢复了宇宙飞船“船票”的售卖。通过该计划，游客仅需支付 25 万美元便可搭乘宇宙飞船 2 号畅游太空，实现心中的太空梦。已经有 600 多人在宇宙飞船 2 号上预订了座位。2020 年 12 月 12 日，在美国新墨西哥州美国太空港发射场，宇宙飞船 2 号开展第三次载人试飞，主引擎未能成功点火，试飞失败。

2021 年 7 月 11 日，维珍银河公司成功完成了首次载人航天飞行，并且其创始人理查德·布兰森搭乘太空船 2 号成功进入太空，成为首位登上太空的商业航天企业创始人。

6. 卫星逻辑公司

卫星逻辑公司于 2010 年创立于阿根廷，现有 190 余名员工，总部设在美国加利福尼亚州，办公地点分布在布宜诺斯艾利斯、科尔多瓦、蒙得维的亚、巴塞罗那、特拉维夫、北京、夏洛特、迈阿密等地。

公司致力于建立全球性的传感器网络，让人们能进行全球监测并量化数据，从而做出更明智的决策。计划制造和发射 300 颗小卫星并构建星座，星座具有 5min 重访能力。单颗卫星质量约 35kg，多光谱分辨率达到 1m。技术上高分辨率是卫星逻辑公司的主要特点，提供有高清晰摄像能力的观测卫星，可在可见光、红外线等多波段观测地表。具体来说，其卫星可辅助预测矿物、石油储藏，能监控森林状况、预测天气和气候变化，观测交通拥堵和人群流动等。

2019 年 12 月 20 日，卫星逻辑公司获投 5000 万美元 C 轮融资，第三次获得腾讯投资（领投）、Pitanga Fund（领投）、Inter American Development Bank 投资。2020 年 11 月 6 日，卫星逻辑公司在太原卫星发射中心以“一箭十星”的方式，通过长征六号遥三运载火箭成功将 10 颗 NewSat 系列亚米级遥感卫星发射升空，卫星逻辑公司在轨卫星数量达到 21 颗，其中的 14 颗卫星将为用户提供亚米级遥感影像采集服务。卫星逻辑公司的高分辨率卫星星座将达到全球任意点每日 4 次重访的能力，单日采集面积超过 400 万平方千米，以“卫星即服务”的理念为用户提供服务，通过专属卫星星座方式，为用户提供感兴趣区域的卫星控制权，包括编程采集、数据下行、数据处理等。

附录三 国内商业航天公司

1. 长光卫星技术有限公司

成立于 2014 年 12 月 1 日，由中国科学院长春光学精密机械与物理研究所、吉林省中小企业和民营经济发展基金管理中心等 5 个股东单位和32名自然人组建而成，总注册资本11.83亿元。2015年10月7日，长光卫星技术有限公司的吉林一号卫星发射，吉林一号卫星是我国第一颗自主研发的米级高清动态视频卫星。

（1）业务构成

卫星与无人机系统及其部组件的研发、载荷系统的研发；卫星检测系统、设备的研发；卫星地面系统开发建设，卫星跟踪、控制、监视、显示设备的设计制造；卫星与无人机应用系统及其相关设备的设计、开发、销售；卫星相关工程的开发及承揽；卫星及无人机遥感信息产品的研发、生产、销售和相关服务；卫星设备的销售和维修服务；卫星、无人机相关的技术咨询和技术服务；无人机监控、质保及货运服务。

卫星设计到数据服务，如：遥感卫星、光电仪器、星载关键部件、卫星自动化测试设备、数据服务平台和终端、各类遥感影像和信息等。

影像和信息产品：亚米级静态影像、亚米级动态视频等各类遥感数据产品；基于遥感数据的区域生态和环境变化分析、局部动态监视和分析、全行业空间大数据应用和价值评价、金融和保险投资决策分析等信息服务。

硬件产品：光学遥感卫星（推扫卫星、视频卫星、夜光卫星）、光电仪器（空间相机、星敏感器、太阳敏感器）、星载关键部件（反作用飞轮、磁力矩器、控制力矩陀螺、大容量固态存储）、卫星及光学相机自动化测试设备等。

软件产品：遥感数据服务平台、遥感数据处理系统、吉星地球、各类计算机和移动终端。

（2）盈利模式

以提供卫星遥感数据和应用服务为主，以提供卫星、关键技术和星载部组件产品为辅。通过公司的网络平台“长光卫星遥感易购”提供遥感影像的预订、分发和在线开发服务，针对普通用户、大客户等不同层次需求的用户提供数据采集、分析等一站式解决方案。

通过增强卫星获取影像能力和扩展数据传输的渠道和方式，增加卫星数据在轨智能处理、星间通信和传输、地面移动便携接收站配套设备，缩短数据获取到用户得到信息的响应时间，以提高遥感数据的时效性。

对大众免费开放，对合作伙伴深度开放。通过免费服务大众的方式推广遥感数据的应用，进而吸引更多的人参与遥感数据应用服务开发，最终形成多样化、多元化的遥感应用产品和服务产业。

以航天图像信息为基础，结合航天视频信息、导航信息、AIS信息、无人机影像、地面测量信息等，进行多元信息的深度融合应用，为用户提供多方位的服务和指导。

2. 北京蓝箭空间科技有限公司

北京蓝箭空间科技有限公司（以下简称“蓝箭航天”）成立于2015年，目前公司员工超过100人，致力于研制具有自主知识产权的液体推进剂火箭发动机及商业运载火箭，并提供相应发射服务，公司定位于成为中国航天的有益补充。蓝箭航天创始人和实际控制人为公司 CEO 张昌武，毕业于清华大学 MBA 专业，曾就职于汇丰银行运营部、西班牙桑坦德银行亚太区战略部，主要从事汽车金融等领域工作。他还参与过西班牙桑坦德银行在国内的一系列股权投资，及投资后的股权管理，具有丰富的国际合作及企业战略规划经验。蓝箭航天董事长王建蒙，是原中国卫星发射测控系统部航天系统工程高级工程师。蓝箭航天的另一位创始人吴树范，是中组部“千人计划”特聘专家，现任上海交通大学教授，曾在南京航空航天大学、上海微小卫星工程中心担任总工程师和在上海科技大学担任教授，曾在欧空局工作近 15 年，曾担任德国布伦瑞克大学飞行力学研究所研究员、欧空局航天技术研究中心资深研究员、英国萨里大学航天技术中心研究员。他的研究方向包括飞行器导航制导与控制、卫星系统工程、卫星姿态与轨道控制系统、微纳卫星技术、微纳卫星工程与应用。与此同时，吴树范也是北京微纳星空科技有限公司（简称“微纳星空”）的创始人和 CEO。蓝箭航天于 2018 年 10 月 27 日首次发射入轨型火箭朱雀一号时，搭乘的唯一一颗卫星即是微纳星空为央视研制的“未来号”。

蓝箭航天在北京和西安各设立一处研发中心，在浙江湖州设立了智能制造基地。蓝箭航天总部位于北京亦庄经济技术开发区，是运载火箭研发、动力研发、市场运营等团队的主办公地。液体动力团队拥有专业齐备的发动机设计及冷、热试技术人员，核心成员拥有 10~40 年相关研发经验。运载火箭团队具有完整的研制、研保能力，专业齐备，覆盖总体、气动、载荷、环境、分离、结构、电气、制导导航、控制、仿真、软件、动力、增压输送、地面发射、低温加注等专业，能够充分满足设计、研发及工程需求。

西安研发中心位于西安高新技术开发区，侧重动力和电气产品研发，包括系统、总装、推力室、涡轮泵、自动器、密封等专业，具备大型液体火箭主发动机、姿轨控动力系统研发的全部能力。

湖州智能制造基地是液体火箭发动机及运载火箭的制造和总装工厂，包括动力全系统热试验平台、火箭总装厂房、火箭测试厂房、发动机装配厂房等核心车间，可实现火箭各系统总装总测及核心组件的生产研制，并通过先进的信息物理网络系统，实现计算、通信、精确控制、远程协调和自主生产五大功能，在生产制造过程中与设计、开发、生产有关的所有数据将通过传感器采集并进行分析，构建形成智能生产系统，进而全面提升质量管理和效率管理。

当前，蓝箭航天的主要产品包括：

朱雀一号固体运载火箭和朱雀二号运载火箭（见表 36），及凤凰 10t 液氧甲烷发动机系统、天鹊 80t 液氧甲烷发动机系统（见表 37）。

表 36　朱雀一号、二号火箭性能参数

	朱雀一号	朱雀二号
火箭级数	3 级	2 级
推进剂	丁羟四组元	液氧甲烷
运载能力	500km 太阳同步轨道运载能力 200kg	500km 太阳同步轨道运载能力 1800kg 700km 太阳同步轨道运载能力 1500kg
	200km 近地轨道运载能力 300kg	200km 近地轨道运载能力 4000kg
全箭总长	19m	48.8m
箭体直径	1.35m	3.35m（整流罩直径）
起飞质量	27t	216t

续表

	朱雀一号	朱雀二号
起飞推力	45t	268t
500km 太阳同步轨道相配备的立方星分配器	2U 立方星 ×50 3U 立方星 ×35 6U 立方星 ×16 12U 立方星 ×8	

表 37　凤凰、天鹊发动机参数

	凤凰 10t 液氧甲烷发动机系统	天鹊 80t 液氧甲烷发动机系统
真空推力	10t	80t
推进剂	液氧甲烷	液氧甲烷
真空比冲	350s	350s
混合比		3.5
喷管扩张面积比		45
喷口直径	0.9m	1.5m
总重	350kg	1.3t
总高	2.5m	3.6m

火箭发动机。2018 年 3 月，具有自主知识产权的凤凰液氧甲烷发动机 10t 级缩比推力室试车成功；2018 年 3 月，80t 天鹊液氧甲烷发动机推力室设计工作完成；10 月 9 日，“天鹊”短喷管状态推力室热试车；11 月，进行全尺寸发动机联合热试车。

姿轨控系统。2018 年 8 月，2000N 双组元轨控发动机试车，蓝箭航天称该发动机是某商业火箭姿轨控系统的关键单机。以该型发动机为核心研发的姿轨控系统已达成近 2 亿元金额订单，提前实现了商业化。蓝箭航天已完成了 50N、200N、1200N、2000N 及 3000N 五种推力室，减压阀、电动气阀、电磁阀、加排阀、电爆阀、流阻平衡阀六类 15 种阀门，15L 气瓶、40L、60L 及 200L 贮箱的方案论证及设计工作。在技术途径选择上，对于姿轨控发动机系统的重要组件，如推力室、减压阀、电动气阀及贮箱等，兼顾了研发制造成本、技术成熟性及先进性。

火箭发射。2018 年 10 月 27 日下午，蓝箭航天在酒泉卫星发射中心发射中国首枚民营运载火箭朱雀一号，发射过程中，一、二级火箭，二、三级火箭都正常分离，但因三级火箭飞行姿态出现异常，导致卫星最后未能入轨。“朱雀一号”搭载的未来号商业卫星是一颗空间科学和遥感综合用途微小卫星，用于向中央电视台综合频道 CCTV-1《加油！向未来》第三季节目提供服务。未来号卫星搭载了光学对地观测相机和空间在轨实验装置。按最初任务设计，星箭分离后卫星进入 SSO 轨道，轨道周期约 90min。

3. 北京零壹空间科技有限公司

北京零壹空间科技有限公司（以下简称零壹空间）成立于 2015 年，致力于智能小型运载火箭的研制，为全球商用微小卫星提供高性价比的发射服务。公司人员近 200 人，核心技术人员来自大型国有航天企业总体设计单位、中国科学院等，拥有丰富的全流程型号研制经验。公司目前分北京和重庆两地办公，北京为总部和研发中心，重庆为副研发中心和智能制造基地。零壹空间国内客户包括中国航空工业集团有限公司、北京航空航天大学、南京航空航天大学、南京理工大学、西北工业大学、哈尔滨工业大学、厦门大学、浙江大学、中南大学、西安电子科技大学、电子科技大学等，零壹空间也在积极争取国外高校和机构用户。

（1）主要产品

M、X 系列商业运载火箭、电气和动力产品及配套服务。累计申请30多项专利及软著。零壹空间X系列火箭成本大约在1000万元左右，单项技术验证经费在 100 万元以内。

OS-M 火箭是公司 M 系列运载火箭的第一型产品，为全球微小卫星客户提供专享专用、快速响应、高效经济的入轨发射服务。火箭垂直发射，发射准备时间不大于 48 小时。OS-M 火箭运载能力见表 38。

表 38　OS-M 火箭运载能力

轨道高度	近地轨道运载能力	太阳同步轨道运载能力
300km	205kg	143 kg
400km	186 kg	127 kg
500km	169 kg	112 kg
800km	121 kg	73 kg

OS-X 系列飞行试验平台，提供航天高新技术试验飞行试验服务，采用固体火箭发动机作为动力，发动机推力达到 500kN，能够为载荷实现 0~20 倍声速的飞行速度；试验平台可以根据用户的需求进行定制设计，满足用户的各种需求，以弹道模式为例，试验平台能够为用户实现再入、滑翔、巡航等多种弹道模式；试验平台采用模块化设计，低成本、高可靠；试验平台提供全流程的发射服务，发射使用方便快捷。从接到订单到发射，初期不超过 12 个月，高频发射条件下小于 3 个月，发射场准备时间小于 1 周，垂直发射。

一体化综合控制机，高度集成化、小型化、轻量化和高可靠的综合控制平台，在优化电气系统设计、节约系统成本方面效果显著，可广泛应用于军用、民用无人机、低成本火箭等航空航天飞行器。

姿轨控动力系统系列产品，可根据客户需要灵活配置，为运载火箭、卫星等航天器提供姿态调整、速度修正和轨道保持等服务。姿轨控动力系统参数见表 39。

表 39 姿轨控动力系统参数

型号	工质	单台推力范围	比冲	用途
N 系列	冷气推进	1–40N	80s	姿控
M 系列	单组元推进剂	10–300 N	220s	姿控
E 系列	单组元无毒推进剂	1–60 N	250s	姿控
B 系列	双组元推进剂	100–5000 N	290s	姿轨控、变推力

部组件产品，包括推力室、气瓶、贮箱、阀门、飞控模块等。

固体火箭发动机，商用固体火箭发动机具有高可靠、免维护、低成本等特点，可为中小型火箭、航空航天飞行器提供具有市场竞争力的助推动力。固体火箭发动机参数见表 40。

表 40 固体火箭发动机参数

型号	额定推力	比冲	工作时间
A	100kN	285s	55s
B	470kN	245s	40s
C	30kN	290s	25s

（2）融资进展

零壹空间的股东有洋途资本、中金公司、鸿泰基金、招商局创投、前海梧桐并购基金、通江资本、联想资金、哈工大机器人集团、重庆两江航投、StarVC、正轩资本等。多家股东具有政府背景，重庆两江航投集团有重庆市政府背景，哈工大机器人集团有黑龙江省政府背景，正轩资本由比亚迪联合创始人夏佐全创立，StarVC 则是由任泉、黄晓明、李冰冰、黄渤、章子怡等演员创立。所以，零壹空间其实是一家兼有政府投资和私有资本投资的混合所有制企业。

零壹空间已累计获得四轮融资，总融资金额近 8 亿元。2017 年 5 月，公司与重庆两江航投集团共同投资组建了重庆零壹航天公司（重庆两江航投占股 49.9%），计划在重庆两江新区建设商业火箭智能制造基地。该基地预计将形成每年 40 发运载火箭的总装测试及试验能力。

2015 年 12 月，零壹空间获得春晓资本、哈工大机器人集团、联想之星等的千万元天使轮融资；2016 年 10 月，获得逾亿元 A 轮融资，哈工大机器人集团、正轩资本领投，春晓资本等跟投；A+ 轮获 2 亿元融资，领投方为前海梧桐并购基金，正轩资本再次增资，鸿泰基金、招商局创投、前海万德、通江资本等跟投；2018 年 8 月，B 轮获近 3 亿元，股东包括重庆两江航投、哈工大机器人集团、正轩资本、Star VC 等。

（3）业务进展

2018 年开启亚轨道发射

截至 2018 年年底，零壹空间进行了两次亚轨道发射。2018 年 5 月 17 日，零壹空间的首枚火箭 OS-X 暨“重庆两江之星”在阿拉善盟距离巴彦浩特不远的 051 基地试飞成功。该火箭为一级固体亚轨道火箭，长 9m，总重 7.2t，发动机推力 350kN，全程大气层内飞行，最大高度约 38.7km，最大速度超过 5.7 倍声速，飞行时间 306s，飞行距离 273km。本次飞行搭载航空工业沈阳所（601 所）的载荷，主要对阻碍超高速客机发展的音爆进行测试。

发射这枚火箭的发射塔架结构简单，仅占地几平方米，架底有两个扇形导流槽，可以将火箭发射时的火焰分导至两边，从而避免火焰经地面反射后，灼烧箭体底部的涂层。零壹空间介绍，该发射塔架可发射亚轨道的 X 系列火箭，也可发射 M 系列入轨火箭。

零壹空间称，OS-X 系列火箭从立项到首飞，仅用了一年时间，包括两个阶段：一是方案阶段，对总体和各分系统的方案进行论证设计；二是工程阶段，主要是产品投产和相关大型实验。其中，9 个月完成发动机研制，6 个月完成控制系统研制。零壹空间主要完成火箭的总体设计以及总装和总测，分系统由航天、航空和兵器的相关配套单位生产，其中，火箭发动机的生产和测试依托江西某军工单位的设施进行。本次发射的火箭是在北京总装测试完成的，以后将转移至重庆。

2018 年 9 月 7 日，零壹空间第二枚亚轨道火箭 OS-X1 在酒泉卫星发射中心发射。全箭长 10.2m，箭体直径 0.85m，起飞重量 8.1t，起飞推力 35t，可达到 4.5 倍声速的飞行速度。火箭全程在大气层内飞行，最大飞行高度约 35km。

2019 年尝试入轨发射

零壹空间于 2019 年 3 月发射首款入轨火箭 OS-M1，但遭遇失败。OS-M1 型火箭为四级固体火箭，继承了 X 系列火箭的地面发射设施、测发控设备和箭体电子设备等，300km 近地轨道运载能力达到 205kg，后续型号“OS-M2”在“OS-M1”基础上捆绑两枚固体助推器，捆绑 A 型助推器时 300km 近地轨道运载能力 390kg，捆绑 B 型助推器时 300km 近地轨道运载能力 505kg，OS-M4 在 OS-M1 基础上捆绑四枚固体助推器，捆绑 A 型助推器时 300km 近地轨道运载能力 552kg，捆绑 B 型助推器时 300km 近地轨道运载能力 748kg。零壹空间的 M 系列火箭专注于微小卫星精准迅捷组网发射，固体运载火箭的运载能力即可满足微小卫星的发射需求，零壹空间 CEO 舒畅表示零壹空间暂无液体火箭研制计划。目前零壹空间已经与多家海内外客户签订发射协议，并与欧洲、亚洲多家卫星公司建立合作伙伴关系。

4. 二十一世纪空间技术应用股份有限公司

二十一世纪空间技术应用股份有限公司（以下简称北京二十一世纪公司）是我国第一个商业遥感卫星运营及其大数据综合应用服务商，2001 年 6 月在北京中关村成立，是国家高新技术企业，公司以遥感卫星运行与测控、遥感大数据获取及其产品开发生产、遥感大数据综合应用与服务等为主营业务，拥有国内外知名的北京系列遥感卫星及其应用服务品牌。

成立之初，作为实施主体组织国家“十五”科技攻关和“863”计划联合支持的北京一号小卫星项目，北京二十一世纪公司成功探索市场化运营服务的民用航天产业化发展全新机制，建成我国第一个由企业运控的遥感卫星天地一体化服务系统。公司自主投资建设并运行、由 3 颗亚米级高分辨率遥感卫星组成的北京二号遥感卫星星座，是国家发改委核准的我国民用航天领域第一个商业遥感卫星星座，于 2016 年 7 月正式面向全球提供商业服务，具有国际先进的遥感卫星运控及应用服务能力。

北京二十一世纪公司构建了以北京为中心的亚洲、欧洲等测控接收一体化的国内国际地面测控站网，形成了以新加坡为国际总部的全球销售服务网络，遥感数据产品已连续多年出口数十个国家和地区，同时发挥国际科技合作基地的平台优势，建设北京创新研究院及亚洲、欧洲等海外研发中心，并与国际上先进的卫星技术公司及相关国际组织建立了稳定友好的合作关系。

北京二十一世纪公司在遥感卫星应用领域形成规模化产品生产加工、定制化应用软件开发、多技术融合应用、大型系统集成和专业化应用服务等能力，以遥感数据处理与应用服务为方向，开发出一系列遥感数据处理和应用服务软件，覆盖了遥感产业从数据采集、信息产品生产、海量数据管理、遥感信息可视化展示和应用服务的整个业务链，广泛应用于国土、农业、环保、水利、交通等多个领域。

北京二十一世纪公司把政府信息化作为软件产品的主要业务领域，以自主研发和推广国产化软件为核心技术路线，致力于建立先进、易用、安全的政府业务管理和决策支持系统，承担了一系列政府重大信息化项目，服务于全国上百个区域政府和专业部门，已成功为国务院办公厅、国土资源部、住房和城乡建设部、国家统计局、国家测绘局等部委以及北京市多个委办局提供遥感应用服务，极大地辅助了相关行业部门的业务运行，同时有效促进了我国政府和社会的信息化进程。

5. 北京国电高科科技有限公司

北京国电高科科技有限公司（以下简称国电高科）是一家纯民营商业航天企业，其依托我国成熟的、充分竞争的商业航天供应链体系（覆盖微纳卫星研发制造和火箭等，有中国航天科技集团有限公司、中国航天科工集团有限公司、民营火箭、民营卫星制造企业等充分竞争的、成熟的、完善的供应链体系），瞄准我国商业航天的薄弱环节，定位成为国际一流的卫星运营企业，大力发展卫星应用，正规化建设天启物联网卫星星座。

天启物联网卫星星座计划分三阶段到 2021 年前部署完成，整个星座由 38 颗低轨卫星组网而成，利用低轨卫星面向全球范围内客户提供船舶 VDES、飞机 ADS-B 和全球短数据采集和通信服务，能够有效解决地面网络覆盖盲区的物联网应用，广泛应用于航空、海事、林业、地震、水利、环保、气象、海洋等行业的 B2B 业务，也可为旅游爱好者、探险者、渔民等需要定位信息回传的个体用户提供 B2C 业务，业务应用范围广，经济效益前景大。

目前国电高科已完成天启物联网卫星星座相关频率资源申请，并于 2018 年 10 月成功发射首颗先导业务星，研发了相应的地面卫星通信终端（具有体积小、功耗低、成本低、通信容量高等优势），完成了天地一体业务验证，建设了电信级运营支撑系统，已经具备了卫星全面组网和商业运营的基础条件，公司致力于为我国天基物联网产业发展作出积极贡献，助推我国商业航天特别是卫星应用产业的发展。

下一步国电高科将加速推进星座建设，实现一期卫星星座组网（2019 年年底目标 12 颗卫星）应用，开展相关商业化运营，同时国电高科正积极落地卫星通信终端等生产制造基地，加速相应终端芯片化等研发，从而快速降低终端成本，为天基物联网产业的快速发展提供有力支撑。

6. 北京九天微星科技发展有限公司

北京九天微星科技发展有限公司（以下简称九天微星）成立于 2015 年 6 月，专注微小卫星创新应用与星座组网运营，掌握小卫星总体设计、关键载荷研发和组网核心技术，以“卫星物联网”和“航天 STEAM（Science，Technology，Engineering，Art，Mathematics）”两大业务板块双轮驱动，是国内首家从卫星设计、研制到应用形成商业闭环的公司。

九天微星于 2015 年 10 月获得数百万元种子轮融资，随后于 2016 年 7 月获得西科天使的融资，并同时得到中国科学院西光所的技术支持，正式进入小卫星星座运营领域。2018 年 2 月，九天微星完成上亿元 A 轮融资，由天奇阿米巴资本和君紫资本联合领投，七熹资本及中科创星跟投。

2018年2月2日，九天微星自主研发的首颗卫星“少年星一号”顺利升空，该星为3U立方星，重5kg，在511所总装总测，是国内首颗教育共享卫星，面向建有卫星测控站的中小学和教育机构，开放卫星通信资源，重新定义我国航天科普教育场景。该星也成为第一颗在发射前就收回成本并实现盈利的卫星。通过该星的发射，九天微星具备ITU国际频率协调、国内无线电电台执照申请、商业卫星发射许可申请等三方面的能力。该星目前仍在轨运行。

（1）九天微星的优势

九天微星作为民营创业公司，具有五大优势：1）机制灵活。在验证卫星、系统验证和试验商用等方面可以实现小步快跑，快速迭代。2）以用户为中心。公司将了解用户需求作为自己的核心竞争力，在发起项目之前，做到市场先行，先了解客户需求，并锁定客户。3）符合产业融合国家战略。在国际市场的竞争和合作中，民营企业没有军工企业背景，在国际协调中更加便利。4）融资渠道多元化，持续引发市场关注。公司已完成四轮融资，全部来自社会资本，目前正与多家产业和财务投资人对接后续融资计划。5）跨界团队。公司的100多人团队成员来自中国航天科技集团有限公司、中国航天科工集团有限公司、中国科学院、文创类企业、行业应用类企业等多个领域。

（2）九天微星物联网计划

九天微星计划在全球部署872颗卫星，其中，一期部署72颗，这成为中国第一个商用低轨物联网星座系统，进行全球数据采集及重型资产监控。服务全球物资监控、智能物流、环境监控等多个物联网应用场景，助力“一带一路”倡议以及产业融合发展战略。九天微星已与三一重工、中集集团、中信集团、某车联网公司等达成合作，将会在卫星发射成功后进行全球数据采集及重型资产监控服务等智慧物联网服务。

九天微星于2018年11月通过发射一箭七星“瓢虫系列”，验证物联网通信关键技术，以及多卫星组网能力，并开展商用试运营，其中的主星“物联网试商用卫星”重100kg，由九天微星联合ofo小黄车为普通消费者定制，拟验证物联网商用星的全部功能，另外6颗星为“CubeSat验证卫星”，重5~10kg，拟验证相控阵天线、卫星芯片、商业化器件、卫星操作系统等核心技术。

2019年，九天微星还将发射4颗物联网商用卫星，各重500kg，轨道高度700km，覆盖全球纬度±60°区域，单点采集时间间隔缩短至90min，单星每小时最大采集物联网数据200万条。按照计划，九天微星将于2021年12月完成一期72颗星的部署。

为实现未来物联网用户的低成本、低功耗与可靠连接，九天微星与西光所展开光学载荷前沿技术的合作研发。

（3）九天微星航天STEAM教育

九天微星开发了从小学到高中的“航天STEAM”课程，并配套卫星套件、卫星测控站、太空创客实验室和大型研学基地，为中小学和教育机构提供专业的“航天STEAM”教育解决方案。截至2018年，九天微星已与包括北京四中、海南文昌中学、郑州第四中学在内的全国数十所学校建立了合作关系，并完成多所学校的测控站及太空创客实验室的建设工作。其中，位于北京的中国宋庆龄青少年科技文化交流中心的“少年星”测控主站，是中国第一个专属中国少年儿童、能实现天地互动的卫星测控站。九天微星牵头拍摄的少儿电视剧《微星时代》已在中央广播电视总台一套《大风车》栏目播出，并取得很高的收视率。此外，九天微星还举办“卫星创客马拉松”比赛，旨在鼓励青少年通过卫星制造培养动手能力，该比赛获奖证书已经过中国科协盖章认证，公司正努力使该证书得到各大高校的认可并可作为自主择校的凭证之一。

（4）九天微星的其他业务领域

九天微星涉足娱乐卫星领域。九天微星发射的7颗“瓢虫系列”卫星中，具有娱乐功能载荷。一是可实现星空闪烁功能，通过主动发光，可用摩斯代码表达含义，比如恋人表白或相隔万里传递信息等，该载荷功率很大，超过400W才能使发光达到地面可见的程度；二是太空自拍，该载荷重100kg，通过显示屏可把人像实时传递到太空中，然后再以太空为背景进行自拍，达到太空自拍的效果；三是携带VR载荷，可实现360°太空影像，让人在地面上切实感受身在太空的感觉。

星座携带北斗导航增强载荷，支持“一带一路”共建共享。九天微星星座可携带北斗导航天基增强载荷，与北斗导航增强系统实现优势互补，支持“一带一路”共建共享。九天微星星座可通过卫星通信与数据服务和地面站、数据中心建立联系，服务海上石油钻井平台、海上船只、矿产挖掘、汽车运输、飞机等行业。

7. 长沙天仪空间科技研究院有限公司

长沙天仪空间科技研究院有限公司（以下简称天仪研究院）原为中国科学院空间应用工程与技术中心下属北京国科环宇空间技术有限公司的一个业务部门——天仪事业部，2016年1月正式剥离并创建独立公司（国科环宇目前是公司大股东和重要的供货商）。公司最初业务是利用天宫实验室为客户提供空间站科学实验与技术验证服务，后因判断提供实验机会有限、盈利能力较弱，转向通过微小卫星实现该业务。

天仪研究院在长沙高新区（主要负责卫星研制、总装、测试）和北京中国科学院北京新技术基地（主要负责前期市场开拓、技术研发）均设有办公场地。团队人数从创立之初的10余人，已发展到40余人，其中80%以上为技术人员。

天仪研究院通过寻找航天和商业的结合点，创造新的市场空间。

天仪研究院大胆采用新技术和商业级电子元器件，在保证可靠性0.9的情况下，不再进行复杂的地面测试，直接在轨验证，希望通过大子样的迭代过程，筛选可行的技术路线，以实现小卫星在轨寿命3年以上的目标（目前设计寿命为1年，首发星“潇湘一号”实际在轨寿命2个月）。

天仪研究院业务范围明确，主要围绕总体设计、卫星研制、发射服务、在轨运维构建自身能力，不涉猎元器件、电路板、零部件等前端产业和数据接收之后的数据分析等后端产业。

天仪研究院制定了自研两代卫星平台的计划，可搭载客户有效载荷（6U平台，此情况整个项目报价600万元人民币）或根据客户需求制造有效载荷（6U平台，此情况整个项目报价800万元人民币）。

天仪研究院宣称可代理包括俄罗斯、印度、欧洲等国火箭在内的搭载发射服务。

天仪研究院已在长沙、新疆等地建立了自己的测控站，独立完成首发星“潇湘一号”在轨测控，数据接收服务采用与中国科学院合作的方式进行。天仪研究院两代卫星平台指标见表41。

表 41　天仪研究院两代卫星平台指标

指标	第一代 6U 卫星平台	第二代 27U 卫星平台
面向的客户	试验型用户	业务型用户
提供的载荷空间	4U	20U
指向精度	0.1°　~0.5°	0.1°
提供的能源	平均 10W	无帆板展开 10W 单翼帆板 30W 双翼帆板 50W
轨道高度	500~10000km 极地轨道	
通信波段	S 波段	S 波段
整体质量	10kg	40kg
下行数据速度（一个地面站）	4GB	6GB
首飞时间	2016 年	2018 年

8. 北京中科宇航技术有限公司

北京中科宇航技术有限公司（以下简称中科宇航）成立于 2016 年 1 月 28 日，是由中科院空天飞行科技中心核心团队与力学所联合发起设立的、国内首家混合所有制商业航天企业，立足于中等运载能力、太空科技探索和系列化空天飞行器的研发集成、技术成果转化，提供宇航发射服务。核心团队为国内宇航领域的领军专家，技术实力雄厚，具有丰富的火箭工程研制经验，熟悉国内商业火箭市场。其首型火箭运载能力在国内固体运载火箭中首屈一指，目前首型火箭的一级发动机已经通过地面试车，预计首飞成功确定性高。此外，中科宇航已布局固液混合、液体火箭等一系列型号，未来将形成有梯队的发射能力，能满足星座组网、补网、空间站送货等多种需求。中科宇航已获授权专利 17 项，实质审查专利 48 项，已获得计算机软件著作权登记 2 项。

2019 年 10 月，中科宇航完成 15t 级液氧煤油发动机副系统热试车试验；2021 年 4 月，完成 15t 级液氧煤油发动机整机试车试验；2021

年 5 月，完成 15t 级液氧煤油发动机整机变推力热试车试验；2021 年 6 月，完成 15t 级液氧煤油发动机推力室热试车试验。

中科宇航主要致力于航空航天领域、电器机械及器件、自动控制设备及软件、信息系统及软硬件设备的技术开发、技术咨询、技术转让、技术推广、技术服务，以及运载火箭、航天器、航天器零部件的配套。主要典型产品为中科系列火箭 ZK–1A 固体运载火箭、ZK–2 固体运载火箭。

中科宇航经过多年的技术积累，掌握了以垂直降落飞行器位置姿态控制、基于 VPX 架构的运载火箭通用一体化电子系统、调节定位装置运载火箭数字化供配电控制系统、可靠三模冗余计算机供电电路等为代表的核心技术，并已在相关领域取得成功应用。

9. 东方空间技术有限公司

东方空间技术有限公司（以下简称东方空间）致力于空天飞行技术创新、高性价比空天运输工具研发、宇航技术应用的一家高科技企业。聚焦宇航产业，以“推进宇航技术，繁荣太空经济”为使命，为国内外卫星等各类飞行器的制造商、运营商、科研院所和个人等各类客户，提供贴心、高效、极致的服务，让大众共享太空新文明。

东方空间于 2021 年启动了引力系列液体运载火箭方案论证和设计工作，完成了引力系列运载火箭的型谱论证。公司将聚焦于中小型固体火箭和中大型重复使用液体火箭两大领域，形成“常态化发射保稳步发展，核心技术迭代促创新突破”的良性发展循环。

YL–1 运载火箭充分把握技术迭代的核心逻辑，其陆海兼顾中型运载火箭总体设计、集束捆绑多学科耦合设计、面向批量化制造结构设计、中型运载火箭快速响应流程规划及勤务保障等关键技术，将能够有效应用于引力系列后续火箭的设计、生产和服务中。目前 YL-1 运载火箭已完成了关键技术攻关，部分产品已进入初样试验前验收阶段。

10. 星河动力（北京）空间科技有限公司

星河动力（北京）空间科技有限公司（以下简称星河动力）成立于 2018 年 2 月，从事低成本商业航天发射业务。其核心产品及服务包括“谷神星”系列小型固体运载火箭发射服务，以及“智神星”系列中型重复使用液体运载火箭发射服务等。

2020 年 11 月 7 日 15 时 12 分，谷神星一号运载火箭在酒泉卫星发射中心首飞成功，并顺利将天启星座十一星送入预定轨道。谷神星一号运载火箭是星河动力研制的一款小型固体商业运载火箭，可满足近地轨道微小型卫星发射需求。

2021 年 12 月 7 日 12 时 12 分 30 秒，星河动力于酒泉卫星发射中心成功发射谷神星一号（遥二）·平安银行数字口袋号运载火箭，顺利将五颗商业卫星精确送入 500km 太阳同步轨道。本次发射实现了国内民营火箭的首次连续成功和首次一箭多星商业发射的新突破，标志着谷神星一号商业火箭的技术状态日趋成熟，在国内民营商业运载火箭型号中，率先迈入商业化发射交付的新阶段。

星河动力掌握了以连续液膜和低混合比边区组合冷却技术、“边界”系列轨姿控动力系统、“光年”系列固体动力系统、“苍穹”液氧/煤油动力系统等为代表的核心技术,并已在相关领域取得成功应用。

11. 北京星际荣耀空间科技股份有限公司

北京星际荣耀空间科技股份有限公司（以下简称星际荣耀）成立于 2016 年 10 月。公司致力于研发优质的商业运载火箭并提供系统性的发射解决方案，为全球商业航天客户提供更高效、更优质、更具性价比的发射服务，以大幅提升人类自由进入空间的能力。核心团队成员包括董事长兼总经理彭小波、联合创始人李顺成以及联合创始人兼运营副总经理何光辉。星际荣耀已获授权专利194项，公开专利96项，实质审查专利51项，已获得计算机软件著作权登记23项。2018年4月，双曲线一号探空火箭发射成功，2019年7月25日，双曲线运载火箭首次成功发射并高精度入轨，星际荣耀成为除美国以外全球第一家实现火箭入轨的民营公司。

星际荣耀主要典型产品包括双曲线一号小型固体火箭、双曲线二号小型液体可重复使用运载火箭、双曲线三号大型液体可重复使用运载火箭等。

星际荣耀掌握了以返回段制导方法和运载能力优化技术、多执行机构数值等效与复合控制技术、可重复使用着陆装置技术、可重复使用火箭液体及底部热防护技术、可重复使用液氧甲烷发动机技术、硬件设备一体化技术为代表的核心技术,并已在相关领域取得成功应用。

附录四　国内商业航天相关基金

1. 航天投资控股有限公司及下属基金

航天投资控股有限公司（以下简称航天投控）成立于2006年12月，2008年3月正式运营。履行中国航天科技集团有限公司赋予的产业孵化、资源整合、战略并购、投资融资等职能。

作为中国航天科技集团有限公司授权的投资管理主体、资本运作和战略合作的平台，航天投控由集团公司及其下属单位联合国创投资引导基金（有限合伙）、中国人民财产保险股份有限公司、国新国同（浙江）投资基金合伙企业（有限合伙）、国华基金（有限合伙）、中国进出口银行、中国光大投资管理有限责任公司、中国国投高新产业投资有限公司、中兴通讯股份有限公司、信达投资有限公司、中国成达工程有限公司、中国节能环保集团有限公司共同投资设立。

航天投控有四大投资方向，分别为卫星及电子信息、火箭及特种装备制造、新能源新材料及节能环保、产业金融（见表42）。

表42　航天投控投资组合

名称	投资领域
卫星及电子信息	20%
火箭及特种装备制造	27%
新能源新材料及节能环保	18%
产业金融	35%
合计	100%

航天投控旗下基金和控股公司有：国创投资引导基金、国华基金、航天产业基金、航天创投基金、航天专利基金、航天融资租赁有限公司、航天物联网基金、国华卫星应用基金、国创新能源汽车基金、瑞士凯富基金（见图12）。

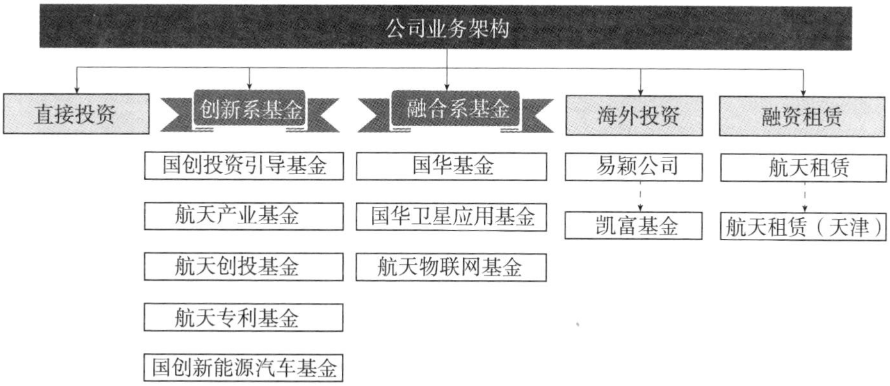

图12　航天投控业务架构

从2008年至2019年年底，航天投控注册资本由8000万元增加至120亿元，管理资金规模2240亿元（见图13），所投资公司管理资产总规模9811亿元，年化投资回报率27%，年均资本回报率15%；公司持续分红，累计分红及缴付税金163亿元，实现利润总额105亿元（见图14），同比增长69.4%，累计投资项目180个，累计投资金额727亿元。根据2018年PREQIN全球私募及风险投资报告，航天投控在过去十年全球成长基金中募集规模排名第三，可使用资金额排名第一。

航天投控通过资本运作和流转，积极融通国内外社会资源，秉承“创新战略，稳健投资，规范管理，创造价值”的经营理念，致力于通过价值创造和自我发展助推航天产业、服务国民经济。瞄准卫星及电子信息、火箭及特种装备制造、新能源新材料及节能环保等航天相关战略性新兴产业，积极融通资源，深耕产业投资，努力成为具有雄厚产业背景的世界一流航天产业投资公司。

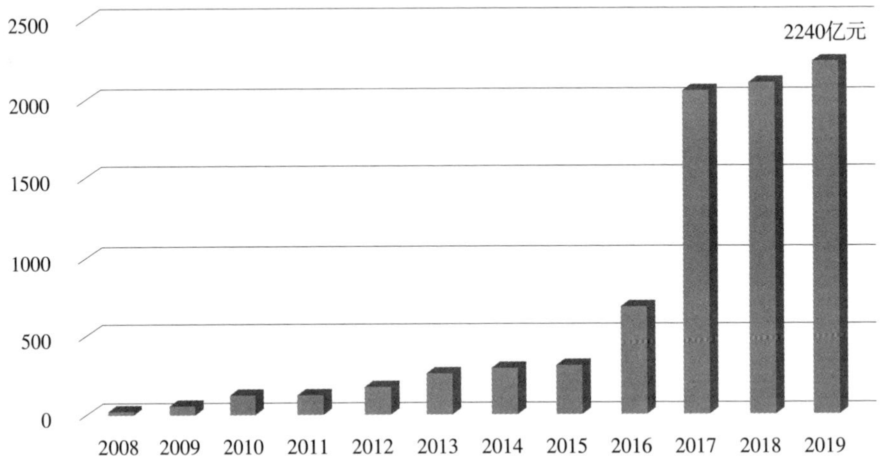

图13　航天投控 2008—2019 年管理资金规模

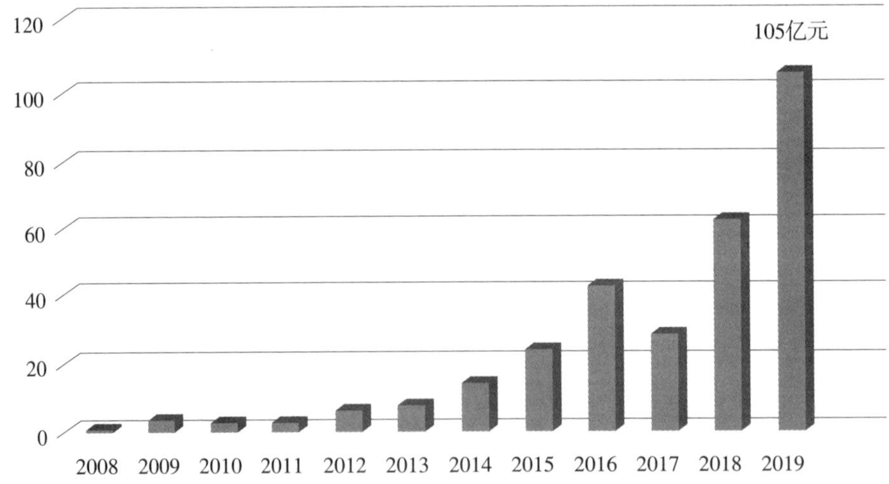

图14　航天投控 2008—2019 年利润额

2. 航天专利基金

航天专利基金于 2016 年注册设立，是国内第一家依托产业开展技术投资的基金，团队拥有投资、法律、产业、技术等多方面人才，使用创新型的金融工具，可进行非股权投资，资金来源于央企、地方政府、地方国企和引导基金等，航天内部资金1.81亿元，吸收外部资金包括北汽产投、亦庄国投、鞍钢资本、镇江国控等共12.04亿元，金融杠杆效应达到7.65倍。

该基金的商业模式为将专利技术进行科学分类，匹配合理的投资模式，有效推进科技成果孵化及转化。被投资的主体一般为航天科技院厂所和其他的主体单位，投资的方式有四类（见表43）。

表43　航天专利基金运作整体思路

航天专利基金运作整体思路			
被投资主体	中国航天科技集团有限公司院厂所＋其他主体单位		
专利技术分类	待开发增量	需改造存量	可产业化存量
具体实施方式	专利技术投资	专利技术改造	创新股权投资
支撑平台	产业联盟、中技所、中关村管委会、工信部军民司、知识产权中介服务机构等		
市场资源	技术需求方、产品需求方、服务需求方		

第一类是增量专利技术投资模式，突破院所传统融资限制（见图15）。该投资模式的优势是非股权风险性投资，投资方与研发方风险共担；融资主体可以是事业单位、全民所有制企业，不受传统权益性融资限制；研发团队可从基金获得多元化的奖励激励；交易结构灵活，可根据项目具体情况设计投资方案。

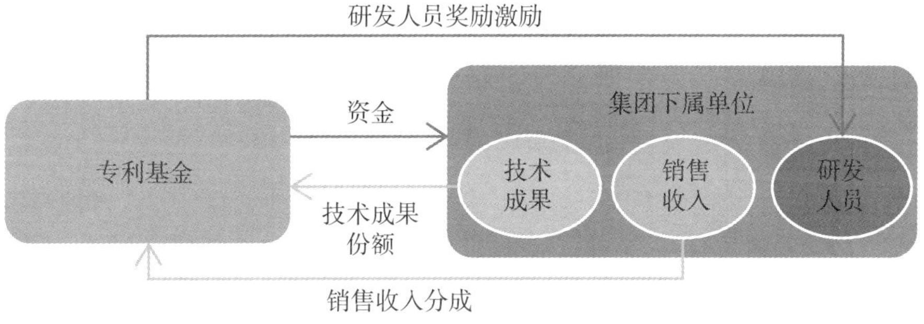

图15　增量专利技术投资模式

第二类是存量专利技术改造模式，实现军转民推广和军品的快速迭代（见图 16）。该投资模式的优势是将所有权和收益权分离，可以有效克服监管审批周期长的流程性缺陷；既可以使基金参与到军转民开发项目中，也可以参与基于旧军品开发新军品的迭代开发项目中，并建立合理的利益分配机制和奖励激励机制，提升专利技术在军品和民品领域的改造效率。

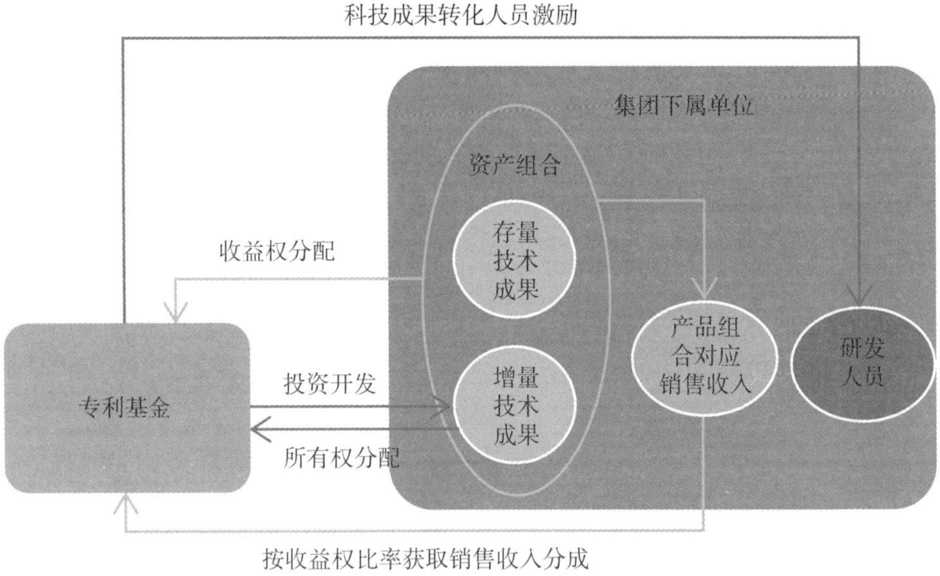

图16　存量专利技术改造模式

第三类是存量专利技术置换模式，拓宽资金来源、提升资产收益效率（见图 17）。该投资模式的优势是盘活存量技术资产，拓宽资金来源方式；集团下属单位获得了流动资金融资，可投入迭代技术的研发或用于现有技术的商业推广，从而推动了专利技术产业化进程，提升专利技术资产收益效率。

第四类是创新股权投资模式，快速开拓市场，提升资产使用价值，详见图 18。该投资模式的优势是集团鼓励下属单位以技术出资参股公司，新设公司，不计入集团公司数量；集团下属单位在不同阶段可选择是否合并公司报表，有利于下属单位财务业绩调整；可引入外部资源方出资，补足企业短板；可以设计市场化激励机制，团队可以得到股权、奖金等有效激励。

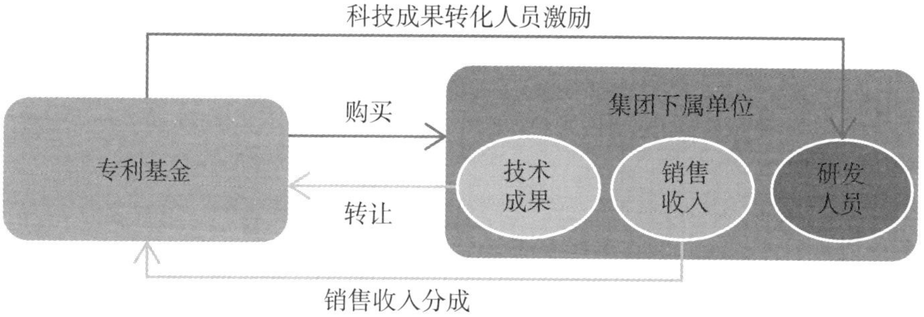

图17 存量专利技术置换模式

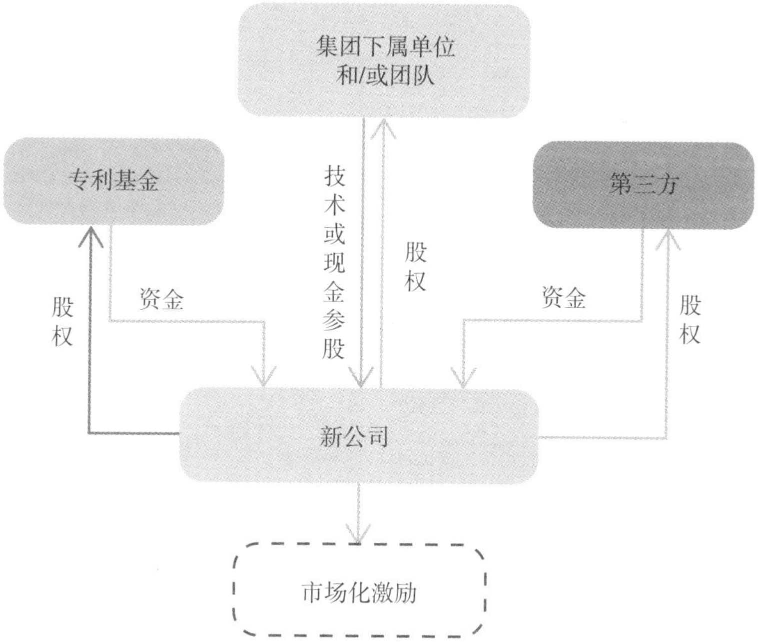

图18 创新股权投资模式

航天专利基金实施效果显著，拓宽了军品开发融资来源，扩大社会效益；资本助推科技成果转化，增益集团产值；创新混改模式，落实产业融合战略，为集团创收增效；落实奖励激励研发人员的政策，激发创新活力；创新投资模式，引领国资体系推广应用；提升集团参与知识经济时代的国际竞争力。

后记

随着商业航天的快速发展，有关商业航天发展战略及发展途径的研究越来越受到重视。本书编委会组织相关专家，在深入调研、搜集素材和听取意见的基础上，编写了《商业航天发展战略及途径研究》一书。

编写本书的目的，是希望引起社会各界特别是国家相关决策机构和管理部门对商业航天的重视，以便在政策上给予大力支持，同时为抱有航天情怀、希望与航天结缘、有志进入商业航天领域的企业家们提供一个了解商业航天的窗口，为推动我国商业航天的发展作出贡献。

在本书内容的研究和编写过程中，中国航天科技集团有限公司董事会秘书齐国生带领董事会办公室成员以及全体编研人员，先后赴东方红卫星移动通信有限公司、北京二十一世纪科技发展有限公司、北京国电高科科技有限公司等多家商业航天公司调研，邀请中国航天科技集团有限公司高级技术顾问王礼恒院士，中国航天科技集团有限公司科技委副主任孙为钢、吴劲风，航天专利基金管理公司总经理李军等相关领域专家介绍了商业航天公司经营发展过程中的经验、得失。此外，本书编委会还多渠道、多方式听取不同领域领导、专家的意见，并参考借鉴了众多商业航天研究资料。编委会全体成员以不同方式对本书的总体策划、研究编纂作出了各自的贡献。

在此，我们谨向所有为本书付出智慧、心血和汗水的各位领导、专家、学者一并表示诚挚的谢意！

鉴于时间紧张和水平所限，书中缺点错误在所难免。我们真诚欢迎各位领导、专家、学者及读者朋友们提出宝贵意见和建议。

《商业航天发展战略及途径研究》编委会

2022 年 7 月